21일간의

감사동행

하나님·이웃·나 다시 바라보기

CONTENTS

내 삶을 위한
'21일간의 시도'

우리는 자신의 의도와 상관없이 의식하든 안하든, 습관에 따라 매일 매순간 마음 밭에 무언가를 담고 또 품습니다. 그 내용과 종류와 정도에 따라 우리 삶의 방향과 내용과 질이 결정됩니다. 풍요로운 삶, 행복한 삶은 거저 주어지는 것이 아닙니다.

마음을 가꾸는 농부가 되어 내 삶을 위한 '21일간의 시도'를 시작해 봅시다. 이 책을 펼치고 따라가노라면, 21일 동안 매일 제시된 성경말씀과 묵상, 예화와 실천과제들을 만날 것입니다. 우리 마음을 닦아내고 채울 도구들입니다. 그리고 부록으로 개인과 가정과 소그룹 또는 교회에서 실천할 수 있는 크고 작은 프로그램들을 제시했습니다.

이 작은 책의 안내에 따라 21일 동안 마음을 닦아내고, 채우고, 가꾸어가는 작업 이후에 찾아올 변화를 기대하며 충실하게 3주간을 가봅시다. 단 한 번 뿐인 우리 삶의 성패를 가르는 시급하고 중요한 작업입니다.

하나님-나-이웃을 다시 바라볼 수 있게 될 것입니다.

하나님이 얼마나 다양한 모습으로 우리를 찾아오시는 지를 발견할 것입니다. 또한 삶의 공간을 함께 나누고 있는 이웃과 나 자신의 존재가 얼마나 아름답고 존귀한지를 알게 될 것입니다. 이를 통해 하나님께 받은 내 삶의 소명이 얼마나 소중한지를 새롭게 확인하게 될 것입니다.

모든 그리스도인들이 이 '21일간의 시도'를 통해 사람의 제일 되는 목적과 의미를 찾아 '하나님을 영화롭게 하는 것', '영원토록 그를 즐거워하는 것'이 무엇인지 알며, 그리스도인의 본질을 회복하여 복된 삶을 누릴 수 있기를 기대합니다.

아름다운동행 올림

1장

감사해야 하는 이유 찾기

첫째 날
시편
50:14-23

감사의
세 가지 의미

14 감사로 하나님께 제사를 드리며 지존하신 이에게 네 서원을 갚으며

15 환난 날에 나를 부르라 내가 너를 건지리니 네가 나를 영화롭게 하리로다

16 악인에게는 하나님이 이르시되 네가 어찌하여 내 율례를 전하며 내 언약을 네 입에 두느냐

17 네가 교훈을 미워하고 내 말을 네 뒤로 던지며

18 도둑을 본즉 그와 연합하고 간음하는 자들과 동료가 되며

19 네 입을 악에게 내어 주고 네 혀로 거짓을 꾸미며

20 앉아서 네 형제를 공박하며 네 어머니의 아들을 비방하는도다

21 네가 이 일을 행하여도 내가 잠잠하였더니 네가 나를 너와 같은 줄로 생각하였도다 그러나 내가 너를 책망하여 네 죄를 네 눈 앞에 낱낱이 드러내리라 하시는도다

22 하나님을 잊어버린 너희여 이제 이를 생각하라 그렇지 아니하면 내가 너희를 찢으리니 건질 자 없으리라

23 감사로 제사를 드리는 자가 나를 영화롭게 하나니 그의 행위를 옳게 하는 자에게 내가 하나님의 구원을 보이리라

감사는 마음의 기억이다.
- A. 프랑스 -

말씀의
뜨락

오늘의 본문은 우리에게 감사의 특별한 의미 세 가지를 제시합니다.

첫째, 감사는 하나님과 좋은 관계를 이루는 것입니다.

"하나님을 잊어버린 너희여 이제 이를 생각하라 그렇지 않으면 내가 너희를 찢으리니 건질 자 없으리라."(22절) 하나님을 잊어버린 사람을 향해 찢겠다고 하신 말씀은 관계의 단절을 의미합니다. 하나님과 좋은 관계를 맺는다는 의미는 은혜를 기억하며 감사하는 삶입니다. 만약 감사를 잃어버렸다면 무엇보다 하나님과의 관계를 회복해야 합니다. 관계의 회복 역시 감사 회복을 통해 이뤄집니다. 관계의 회복과 감사의 회복이 다르지 않습니다.

둘째, 피조물은 감사함으로써 창조주를 영화롭게 합니다.

"감사로 제사를 드리는 자가 나를 영화롭게 하나니"(23절) 하신 말씀처럼 피조물이 창조주께 드려야 할 마땅한 제사의 태도가 감사입니다. 바울은 로마서 12장 1절에서 "너희 몸을 하나님이 기뻐하시는 거룩한 산 제물로 드리라"고 부탁했습니다. 하나님이 기뻐하시는 거룩한 산 제사는 다름 아닌 '감사의 삶'이라는 의미로 연결됩니다.

셋째, 우리는 감사함으로써 구원의 복을 누립니다.

"그 행위를 옳게 하는 자에게 내가 하나님의 구원을 보이리라"(23절 하반절)는 말씀처럼 감사로 예배를 드리는 자에게 하나님의 구원이 약속되어 있습니다. 여기서 구원이란 생과 사를 막론하고 하나님의 나라를 살아가는 복입니다. 하나님의 보호를 받는 우리의 영과 혼과 육은 환난과 고통으로 가로막힌 삶의 순간마다 합력하여 선을 이루시는 하나님의 은혜를 경험합니다.

하나님이 사람을 지으신 목적은 하나님을 영화롭게 하는 것입니다. '영화롭게' 하는 비결은 우리가 감사를 회복하는 것입니다.

Think & Write

1. 지금까지 '감사'란 무엇이라고 생각했나요?

_____

_____

_____

_____

2. 21일간의 감사여정을 떠나며 하나님께서 기뻐하시는 제사, 즉 감사의 삶을 살기 위한 구체적인 계획을 세워봅시다.

_____

_____

_____

_____

잘 익은 홍시

'찬송시인'이라고 불리는 송명희 시인은 태어나면서 뇌성마비를 앓아 마음대로 몸을 움직이지 못하는 장애인이다. 그녀는 학교에도 다니지 못하고 혼자서 글을 익혔고, 라디오 방송을 듣고 예수를 믿었으나 그녀의 십대는 현실을 비관하는 데 소진했다. 그러나 그런 고통의 시간을 보내면서 하나님의 위로를 발견했고, 끝내 감사에 이르는 신앙을 키웠다. 그녀의 시 '나'는 어쩌면 그녀가 이 땅에서 고백할 수 있는 최선의 신앙고백이며, 또 감사를 노래한 불후의 명작이다.

"나 가진 재물 없으나 / 나 남이 가진 지식 없으나 / 나 남에게 있는 건강 있지 않으나 / 나 남이 없는 것 있으니 / 나 남이 못 본 것을 보았고 / 나 남이 듣지 못한 음성 들었고 / 나 남이 받지 못한 사랑 받았고 / 나 남이 모르는 것 깨달았네 / 공평하신 하나님이 나 남이 가진 것 나 없지만 / 공평하신 하나님이 나 남이 없는 것 갖게 하셨네."

오늘의 감사시간을 축복합니다!

2장

하나님께 대한
감사

말씀

둘째 날
역대상
29:10-17

다윗의 기도에서 만나는 '주권자 하나님'

10 다윗이 온 회중 앞에서 여호와를 송축하여 이르되 우리 조상 이스라엘의 하나님 여호와여 주는 영원부터 영원까지 송축을 받으시옵소서 11 여호와여 위대하심과 권능과 영광과 승리와 위엄이 다 주께 속하였사오니 천지에 있는 것이 다 주의 것이로소이다 여호와여 주권도 주께 속하였사오니 주는 높으사 만물의 머리이심이니이다 12 부와 귀가 주께로 말미암고 또 주는 만물의 주재가 되사 손에 권세와 능력이 있사오니 모든 사람을 크게 하심과 강하게 하심이 주의 손에 있나이다 13 우리 하나님이여 이제 우리가 주께 감사하오며 주의 영화로운 이름을 찬양하나이다 14 나와 내 백성이 무엇이기에 이처럼 즐거운 마음으로 드릴 힘이 있었나이까 모든 것이 주께로 말미암았사오니 우리가 주의 손에서 받은 것으로 주께 드렸을 뿐이니이다 15 우리는 우리 조상들과 같이 주님 앞에서 이방 나그네와 거류민들이라 세상에 있는 날이 그림자 같아서 희망이 없나이다 16 우리 하나님 여호와여 우리가 주의 거룩한 이름을 위하여 성전을 건축하려고 미리 저축한 이 모든 물건이 다 주의 손에서 왔사오니 다 주의 것이니이다 17 나의 하나님이여 주께서 마음을 감찰하시고 정직을 기뻐하시는 줄을 내가 아나이다 내가 정직한 마음으로 이 모든 것을 즐거이 드렸사오며 이제 내가 또 여기 있는 주의 백성이 주께 자원하여 드리는 것을 보오니 심히 기쁘도소이다

감사는 더하기(+)와 같아서 어떤 일이든지, 어디서든지 감사하면 플러스의 축복이 찾아온다.
- 메튜 헨리 -

말씀의
뜨락

우리는 이 다윗의 마지막 기도문에서 다윗의 아름다운 신앙 곧 '하나님 주권사상'을 발견합니다. 만왕의 왕이신 하나님의 통치는 이 세상 구석 구석에 두루 뻗쳐 있을 뿐 아니라, 이 세상의 영광과 승리와 존귀도 그분의 것이며, 인생의 과거와 현재와 미래를 주관하시는 분 또한 하나님이라는 사실을 인정하고 찬양하는 장면입니다.

목동으로 보낸 어린 시절부터 골리앗을 쓰러뜨린 영예로운 시간과 사울 왕의 위협을 피해 숨어 지내던 두렵고 고통스러운 순간, 백성들의 환호 속에 이스라엘의 영화가 드높이 치솟던 때, 나약한 인간으로 바닥까지 허물어지기도 했던 날들까지. 자신이 지나온 세월의 여정을 돌아보며 다윗은 하나님 앞에 '모든 순간이 주님의 은혜였다!'고 감사합니다.

이제 임종을 앞두고 그가 누린 많은 재산을 하나님께 되돌리면서 다윗은 무엇 하나 자랑할 만한 것이 없음을 고백합니다. 그 모든 순간을 함께하시고 이끌어 오신 하나님을 뵈었기 때문입니다. 하여 모든 영광을 주인공이신 하나님께 되돌려드립니다. 모든 것이 그분으로부터 왔으니 영광을 돌려드림이 마땅하지요.

이것이야말로 다윗의 성화된 신앙입니다. 다윗은 하나님의 주권을 인정하고, 오직 순종하는 삶을 산 뒤 모든 결과를 돌아보며 찬양하는 일이야말로 인생이 누리는 가장 큰 복임을 가고 오는 모든 하나님의 사람들에게 증언합니다. 우리가 다윗이라는 인물을 통해 알아야 할 하나님의 모습이 바로 여기 있습니다.

Think & Write

1. 하나님께서 베풀어 주신 손길 가운데 가장 기억되는 것은 무엇인가요?

_____

_____

_____

_____

2. 그 손길은 당신의 인생에 어떤 영향을 주었나요?

_____

_____

_____

_____

잘 익은 홍시

1620년 102명의 영국 청교도들이 신앙의 자유를 찾아 메이플라워호에 몸을 싣고 신대륙을 향해 떠났다. 목숨을 건 항해는 많은 사상자들을 낸 끝에 신대륙에 도달했으나, 생존자들조차 참혹한 흉년에다 전염병까지 앓았다. 그들은 금식기도를 드리며 간절히 매달렸다. 그때 누군가 이렇게 제안했다. "제 생각에는 어려운 일이 생길 때마다 금식하면서 기도하는 것은 하나님께 불평하는 일이 될 수도 있습니다. 우리에게는 신앙의 자유도 있고, 정치적 자유도 있으며, 마음 맞는 이웃들과 함께하는 기쁨도 있습니다. 그러니 금식 대신 감사의 기도를 드리면 어떨까요?" 이 제안은 많은 사람들의 공감을 불러일으켰고, 마침내 감사주간을 정해 기도하기에 이르렀다. 미국의 추수감사축제가 이렇게 생겨났다. 놀랍게도 이때부터 그들의 입에서는 "Thank God, Thank You!"가 호흡처럼 흘러나왔다.

오늘의 감사시간을 축복합니다!

말씀

셋째 날
시편
147:1-12

하나님께
감사하는 까닭

1 할렐루야 우리 하나님을 찬양하는 일이 선함이여 찬송하는 일이 아름답고 마땅하도다

2 여호와께서 예루살렘을 세우시며 이스라엘의 흩어진 자들을 모으시며

3 상심한 자들을 고치시며 그들의 상처를 싸매시는도다

4 그가 별들의 수효를 세시고 그것들을 다 이름대로 부르시는도다

5 우리 주는 위대하시며 능력이 많으시며 그의 지혜가 무궁하시도다

6 여호와께서 겸손한 자들은 붙드시고 악인들은 땅에 엎드러뜨리시는도다

7 감사함으로 여호와께 노래하며 수금으로 하나님께 찬양할지어다

8 그가 구름으로 하늘을 덮으시며 땅을 위하여 비를 준비하시며 산에 풀이 자라게 하시며

9 들짐승과 우는 까마귀 새끼에게 먹을 것을 주시는도다

10 여호와는 말의 힘이 세다 하여 기뻐하지 아니하시며 사람의 다리가 억세다 하여 기뻐하지 아니하시고

11 여호와는 자기를 경외하는 자들과 그의 인자하심을 바라는 자들을 기뻐하시는도다

12 예루살렘아 여호와를 찬송할지어다 시온아 네 하나님을 찬양할지어다

감사하는 마음이란 마음에 새겨둔 기억을 말한다.
- J. B. 마슈 -

말씀의
뜨락

시인은 피조물인 인간이 창조주 하나님을 찬양하는 일이 선하고 아름다울 뿐 아니라 마땅하다고 고백합니다(1절). 우상을 찬양하거나 인간을 찬양할 때 인생이 얼마나 악해지는지를 그는 체험했을 것입니다. 하여 우리 인생이 오직 하나님을 찬양하고 감사할 때 그 도리를 다하는 셈이며, 비로소 평화에 이른다는 사실을 깨달은 것입니다.

우리는 자칫 여호와를 찬양하고 감사하는 까닭이 그분의 전지전능하심 때문만인 것으로 착각합니다. 우리는 하나님의 전지전능하심이 본질적으로 인간의 그것과 다른 '유일한 목적'을 가지고 있음에 주목해야 합니다.

그 전능하신 힘과 전지하신 지혜로써 나약한 인류를 돌보시고 사망에서 구원하시려는 것입니다. 이 역설의 극치가 바로 '성육신'입니다. 게다가 지극히 작은 자로 십자가에 달리신 사건입니다. 이 역설의 중심에 사랑이 자리하고 있다는 데 대해 어떤 의심의 여지도 갖지 않습니다. 인간의 모든 것을 아시는 분, 심지어 우리의 이기심과 탐욕과 허망한 생각들까지 아시는 분이 오히려 인생을 불쌍히 여기시고 구원자의 길을 걸어가셨습니다.

이 시는 구구절절 하나님의 전지전능하심이 향하는 이 '구원의 열정'을 노래합니다. 무너진 성 예루살렘을 세우시며, 사로잡혀 흩어진 하나님의 백성을 다시 모으시고, 마음이 상한 사람들을 고치고 싸매십니다. 하늘의 무수한 별들을 헤아리시며, 하나하나 이름을 지어 부르시듯, 우는 까마귀 새끼의 형편조차 헤아리시되, 섬세하고 자상한 사랑으로 먹여주시는 분을 노래합니다(9절).

그러니 어찌 우리가 하나님께 감사하지 않으며, 찬양하지 않을 수 있을까요.

Think & Write

1. 내 삶을 돌아볼 때 슬프고 안타까운 경험이었지만, 하나님의 관점에서 볼 때 감사한 일은 무엇입니까?

_____

_____

_____

_____

2. 오늘 나는 누구에게 어떻게 감사를 표현했는지 생각해 봅시다.

_____

_____

_____

_____

_____

잘 익은 홍시

그는 서른세 살에 '상악동암'이라는 희귀병 판정을 받았다. 생존확률 10퍼센트 미만에 여섯 달을 못 넘긴다는 통보였다. 그 절망의 나락에서 전지전능하신 하나님께 매달렸다. "입안에서 피가 멈추지 않는 투병 중에 저를 사로잡은 단어가 '달리다굼'이었어요. 저는 전능하신 하나님이 저를 살려주실 것을 믿었고, 그 믿음의 끈을 놓지 않았죠. 그러자 극한의 고통 속에서도 숨을 쉴 수 있다는 사실이 얼마나 감사하던지요." 그는 언어장애인으로는 처음으로 국립 부경대의 교수로 임명된 뒤 이렇게 간증했다. 나환자촌에서 일해 온 이상윤 교수의 고백이다.

오늘의 감사시간을 축복합니다!

넷째 날
마태복음
11:25-30

예수님의
초청

25 그 때에 예수께서 대답하여 이르시되 천지의 주재이신 아버지여 이것을 지혜롭고 슬기 있는 자들에게는 숨기시고 어린 아이들에게는 나타내심을 감사하나이다

26 옳소이다 이렇게 된 것이 아버지의 뜻이니이다

27 내 아버지께서 모든 것을 내게 주셨으니 아버지 외에는 아들을 아는 자가 없고 아들과 또 아들의 소원대로 계시를 받는 자 외에는 아버지를 아는 자가 없느니라

28 수고하고 무거운 짐 진 자들아 다 내게로 오라 내가 너희를 쉬게 하리라

29 나는 마음이 온유하고 겸손하니 나의 멍에를 메고 내게 배우라 그리하면 너희 마음이 쉼을 얻으리니

30 이는 내 멍에는 쉽고 내 짐은 가벼움이라 하시니라

세상에서 감사를 표하는 이의 행동보다 더 아름다운 것은 없다.
- 라 브뤼에르 -

말씀의
뜨락

하나님께서는 당신의 백성을 구원하고자 예수 그리스도를 이 땅에 보내 주셨지만, 사람들은 예수님을 배척했습니다. '그때에'로 시작하는 본문은 배척당하신 예수님을 통해 우리에게 무엇인가 교훈하고자 합니다.

첫째, 어린아이와 같은 사람이 복음을 발견한다는 사실입니다.

예수님은 "지혜롭고 슬기 있는 자들에게는 숨기시고 어린아이들에게는 나타내심을 감사하나이다"(25절)라고 고백합니다. 자기 자신의 지혜에 자족하여 교만하게 살아가는 이들의 눈엔 진리 곧 복음이 드러나지 않습니다. 대신 어린아이처럼 자신의 무지조차 모르는 겸손한 사람에게 복음이 드러납니다.

둘째, 우리는 예수님을 통해 하나님을 알 수 있습니다.

"내 아버지께서 모든 것을 내게 주셨으니 아버지 외에는 아들을 아는 자가 없고 아들과 또 아들의 소원대로 계시를 받는 자 외에는 아버지를 아는 자가 없느니라"(27절)는 말씀이 그 증거입니다. 예수님을 통하지 않고서는 하나님을 알 수도 없고 하나님의 뜻을 이해할 수도 없습니다. 그렇다면 예수님 생애의 중심을 꿰뚫는 십자가의 삶이야말로 하나님 사랑과 구원의 의지를 보여주는 가장 뚜렷한 증거일 것입니다. 결국 우리의 감사는 예수님 생애의 정점인 '십자가'로부터 출발해야 하는 셈입니다.

셋째, 예수님으로 말미암아 우리는 하나님이 주시는 안식을 누립니다.

"수고하고 무거운 짐 진 자들아 다 내게로 오라."(28절) 예수님의 초청에 귀 기울여 보십시오. 모든 눈물의 골짜기를 벗어날 유일한 길은 예수님의 초청에 응하는 것뿐입니다. 예수님의 초청에 응한다는 의미는 주님의 멍에, 곧 주님의 가르침을 배우고 순종함으로써 주어지는 안식이라는 의미입니다(29절). 이것이 바로 우리가 예수님의 삶에 주목해야 하는 까닭입니다.

Think & Write

1. 하나님을 전적으로 의지하는 삶을 살고 있나요? 그렇지 않은 영역이 있다면 무엇이고, 이유는 무엇인가요?

_____

_____

_____

_____

2. 당신이 지금 지고 있는 무거운 짐은 무엇인지 적어보고, 예수님께 맡깁시다.

_____

_____

_____

_____

잘 익은 홍시
오빠가 운전하는 차를 타고 함께 집으로 돌아오다 만취한 운전자가 차를 들이받는 바람에 온몸이 불타서 전신에 중화상을 입은 이지선 자매의 고백이 떠오른다. "저는 사고를 당한 게 아니라 '사고를 만났다'고 생각합니다. 그날 이후 저는 다시 태어났어요. 오른쪽 손가락만 절단하는 줄 알았는데 왼쪽 손가락마저 자른다는 말을 듣고서도 '엄마 더 많이 자르지 않아서 감사하지?'라고 말할 수 있었어요. 이때부터 매일 한 가지씩 감사할 것을 찾으며 고통을 버텼습니다. 내 힘으로 숟가락질을 하게 되어 감사하고, 환자복 단추 구멍을 채울 수 있어 감사하고, 계단을 올라갈 수 있어 감사하고, 문고리를 잡고 열 수 있어 감사했습니다. 그것도 없는 날은 유일하게 씻을 수 있는 발이 있어 감사했습니다. 이 감사의 삶이 행복해서 사고 이전으로 돌아가고 싶지 않다는 생각도 했습니다."

오늘의 감사시간을 축복합니다!

말씀

다섯째 날
누가복음
17:11-19

감사지수

11 예수께서 예루살렘으로 가실 때에 사마리아와 갈릴리 사이로 지나가시다가

12 한 마을에 들어가시니 나병환자 열 명이 예수를 만나 멀리 서서

13 소리를 높여 이르되 예수 선생님이여 우리를 불쌍히 여기소서 하거늘

14 보시고 이르시되 가서 제사장들에게 너희 몸을 보이라 하셨더니 그들이 가다가 깨끗함을 받은지라

15 그 중의 한 사람이 자기가 나은 것을 보고 큰 소리로 하나님께 영광을 돌리며 돌아와

16 예수의 발 아래에 엎드리어 감사하니 그는 사마리아 사람이라

17 예수께서 대답하여 이르시되 열 사람이 다 깨끗함을 받지 아니하였느냐 그 아홉은 어디 있느냐

18 이 이방인 외에는 하나님께 영광을 돌리러 돌아온 자가 없느냐 하시고

19 그에게 이르시되 일어나 가라 네 믿음이 너를 구원하였느니라 하시더라

감사를 헤아리는 마음은 관계를 아름답게 한다.
- J. S. Lim -

말씀의
뜨락

우리는 행복지수와 불쾌지수 등에 관심이 많지만 '감사지수'에는 별 흥미를 갖지 않습니다. 감사지수는 우리 삶에 별다른 영향력을 행사하지 못한다 생각하기 때문일까요. 그러나 감사지수야말로 우리 삶에 행복을 보증하고, 순수한 믿음을 가져다줍니다.

본문에 등장하는 나병환자는 단순히 한 사회의 약자가 아니라 '퇴출된 사람들'입니다. 그들에게서 무슨 감사가 있을까요? 그런데 이 퇴출자들 열 사람이 '감사 제로'의 삶을 살다가 예수님을 만나 병이 낫는 기적을 경험합니다. 놀라운 체험이지요. '기적'과 '감사'는 같은 말입니다. 기적을 체험했다면 당연히 감사의 체질이 되어야 하니까요.

하지만 그랬나요? 그들은 퇴출된 사회로 되돌아갑니다. 그들은 시련을 이긴 대단한 사람들이니 박수를 받아 마땅합니다. 그런데 그들에겐 감사가 없습니다. 그들은 바로 '감사'라는 귀한 재산을 얻어야 했습니다. 그러나 병에서 낫고 행복지수는 올라갔을지 모르지만 감사지수가 뒷받침되지 못했으므로 행복지수는 곧 바닥으로 떨어지고, 불평하는 사람으로 살게 될 것입니다.

그러나 그중 한 사람, '이방인' 환자는 감사해야 할 분께 와서 감사합니다. 그 결과 육신만 아니라 영혼도 고침을 받고 오늘까지 감사의 모델로 성경에 소개되고 있습니다. 기적도 행복이지만 감사는 기적의 행복을 두고두고 보관하는 튼튼한 그릇입니다.

감사하는 마음은 천삼(天蔘)을 먹는 일 같아서 최고의 건강 비타민이고 행복 비타민입니다. 날씨가 추워지면 집안의 온도를 높이듯 우리 삶의 감사의 온도도 높여야 합니다. 감사지수가 오르면 행복지수도 오를 것입니다.

1. 내 주변에 하나님과의 관계에서 '감사지수'를 낮게 만드는 요인들은 무엇일까요?

_____

_____

_____

_____

2. 지금 하나님께서 우리에게 주신 것들과 주변 환경, 사람들 속에서 감사를 유지할 수 있는 방법을 찾아 적어봅시다.

_____

_____

_____

잘 익은 홍시
미국의 베스트셀러 <모자에 제라늄 꽃을 꽂고 행복하게 살아라>의 저자 바버라 존슨은 남편과 네 아들을 둔 평범한 가정주부였다. 하지만 남편의 교통사고와 아들의 전사 소식, 둘째 아들이 동성애자란 사실 앞에서 그녀는 하나님을 원망하고 자신의 처지를 비판할 수밖에 없었다. 우여곡절이 지난 뒤 그녀는 더 이상 비관 속에서 살면 안 되겠다 다짐하고, 감사의 삶을 살기 시작한다. 감사의 삶을 사는 동안 남편이 오랜 병상에서 일어났고, 그녀보다 더 불행한 사람들을 돕기 시작했다. 그러다 보니 행방불명된 아들의 시신을 찾게 되었고, 집을 나간 동성애자 아들이 집으로 돌아왔다. 절망 속에서 하나님을 바라보며 감사하는 생활로 돌아서는 순간 그녀의 인생은 놀랍게도 예전보다 더 충만한 행복이 찾아온 것이다.

오늘의 감사시간을 축복합니다!

의미 없는
고난은 없다

여섯째 날
고린도전서
15:50-58

50 형제들아 내가 이것을 말하노니 혈과 육은 하나님 나라를 이어 받을 수 없고 또한 썩는 것은 썩지 아니하는 것을 유업으로 받지 못하느니라
51 보라 내가 너희에게 비밀을 말하노니 우리가 다 잠 잘 것이 아니요 마지막 나팔에 순식간에 홀연히 다 변화되리니
52 나팔 소리가 나매 죽은 자들이 썩지 아니할 것으로 다시 살아나고 우리도 변화되리라
53 이 썩을 것이 반드시 썩지 아니할 것을 입겠고 이 죽을 것이 죽지 아니함을 입으리로다
54 이 썩을 것이 썩지 아니함을 입고 이 죽을 것이 죽지 아니함을 입을 때에는 사망을 삼키고 이기리라고 기록된 말씀이 이루어지리라
55 사망아 너의 승리가 어디 있느냐 사망아 네가 쏘는 것이 어디 있느냐
56 사망이 쏘는 것은 죄요 죄의 권능은 율법이라
57 우리 주 예수 그리스도로 말미암아 우리에게 승리를 주시는 하나님께 감사하노니
58 그러므로 내 사랑하는 형제들아 견실하며 흔들리지 말고 항상 주의 일에 더욱 힘쓰는 자들이 되라 이는 너희 수고가 주 안에서 헛되지 않은 줄 앎이라

어떤 아름다운 것도 거기서 감사를 빼고 나면 얼룩이 진다
- 조엣 -

말씀의
뜨락

우리는 누구나 인생 길에서 크고 작은 실패와 고난을 경험합니다. 어떤 이는 그 무게를 견디지 못하여 좌절과 절망의 나락으로 빠지기도 합니다. 그리스도인이라고 해서 예외가 아닙니다.

그러나 그리스도인에게 실패와 고난의 시간은 매우 특별한 의미가 있습니다. 우리는 어떤 역경에서도 결코 절망하지 않으며, 오히려 고난조차 감사함으로 받아 우리 신앙의 근육을 키워내는 지혜가 있습니다.

실패와 고난의 환경을 통과하여 성공과 환희의 순간으로 나아가는 힘은 우리에게 있지 않고 하나님께 있으며, 그 비결을 누구보다 잘 보여주시는 분이 예수님입니다.

예수님은 사람들이 보기에 가장 실패하고 누구보다 아픈 수난을 겪은 분입니다. 그러나 예수님은 자신이 처한 죄와 죽음의 나락에서 사단의 권세를 이기고 부활하셔서 승리와 영광의 모습으로 우뚝 섰습니다. 예수님의 승리는 아버지이신 하나님의 약속에 근거합니다. 하나님은 예수님을 통해 승리의 약속을 보증하신 셈입니다. 그리고 예수님의 승리는 이제 당신을 믿고 따르는 모든 성도들의 승리를 보증합니다. 그리고 그리스도인의 감사는 바로 여기서 비롯됩니다.

그래서입니다. 우리가 인생길을 걷다가 깊은 골짜기를 만나고 수렁에 빠지는 일을 수없이 겪더라도 예수님의 승리를 믿는 이상 끝내 이기리라는 확신으로 충만해집니다. 어떠한 역경이라도 그리스도인들의 신앙과 기쁨을 결코 굴복시킬 수 없는 까닭이 여기 있습니다. 죄와 죽음의 권세를 이기신 예수님의 부활이 우리의 소망이며 증거이기 때문입니다.

1. 오늘 몇 번이나 감사를 표현했는지 되돌아봅시다.

_____

_____

_____

_____

2. 오늘 감사를 표현하는데 방해한 요소는 무엇이었나요?

_____

_____

_____

_____

잘 익은 홍시
영화 <더 테너>의 실제 주인공 배재철 씨는 일찍이 세계적인 성악 콩쿠르에서 우승하고
오페라의 주역을 맡아 유럽 무대를 누비며 명성을 높여 갔다. 그러나 가장 높은 봉우리를
향해 올라가던 그에게 갑상선 암이라는 절망이 절벽처럼 가로막았다. 더 이상 노래할 수
없는 그 순간, 그는 인생을 돌아보며 회개와 감사의 시간을 보냈고, 평생 하나님만 찬양
하는 삶을 살기로 서원했다. 그리고 일본 팬들의 도움으로 성대복원수술을 받은 그는 2
년 동안 재활훈련을 한 끝에 다시 무대에 설 수 있었다. 하나님의 은혜였다. 그의 곁을 지
킨 매니저조차 "나도 배재철이 믿는 하나님을 믿고 싶다"고 고백했을 만큼 하나님의 도
우심은 뚜렷했다.

오늘의 감사시간을 축복합니다!

3장

이웃에 대한
감사

일곱째 날
에베소서
1:15-23

섬김을 통해
깨닫는 것

15 이로 말미암아 주 예수 안에서 **너희** 믿음과 모든 성도를 향한 사랑을 나도 듣고

16 내가 기도할 때에 기억하며 **너희**로 말미암아 감사하기를 그치지 아니하고

17 우리 주 예수 그리스도의 하나님 영광의 아버지께서 지혜와 계시의 영을 **너희**에게 주사 하나님을 알게 하시고

18 너희 마음의 눈을 밝히사 그의 부르심의 소망이 무엇이며 성도 안에서 그 기업의 영광의 풍성함이 무엇이며

19 그의 힘의 위력으로 역사하심을 따라 믿는 우리에게 베푸신 능력의 지극히 크심이 어떠한 것을 **너희**로 알게 하시기를 구하노라

20 그의 능력이 그리스도 안에서 역사하사 죽은 자들 가운데서 다시 살리시고 하늘에서 자기의 오른편에 앉히사

21 모든 통치와 권세와 능력과 주권과 이 세상뿐 아니라 오는 세상에 일컫는 모든 이름 위에 뛰어나게 하시고

22 또 만물을 그의 발 아래에 복종하게 하시고 그를 만물 위에 교회의 머리로 삼으셨느니라

23 교회는 그의 몸이니 만물 안에서 만물을 충만하게 하시는 이의 충만함이니라

사람이 얼마나 행복한 지는 그의 감사의 깊이에 달려 있다..
- 존 밀러 -

말씀의
뜨락

교회는 깊은 산 속에 있지 않고 마을 한가운데 있습니다. 그것은 마을 사람들을 구원하고자 하시는 하나님의 마음을 잘 드러냅니다. 그러므로 교회는 마땅히 마을 사람들의 구원을 위해 수고하고 헌신해야 합니다.

이렇게 보면 오늘의 교회가 사람들로부터 칭찬과 격려를 받기는커녕 오히려 원망과 탄식을 듣고 있는 현실은 제 본분을 망각해버린 결과입니다. 존재의 의미를 잃어버린 교회는 짠 맛을 잃은 소금 같아서 사람들의 발에 짓밟힐 뿐입니다. 이런 현실에서도 제 본분을 다하며 사람들로부터 칭찬을 듣는 교회가 있다는 소식은 가뭄에 비처럼 고맙습니다.

서울에 있는 어느 교회의 출입문에 마을 사람이 편지를 써서 붙여두었다고 합니다. 봉투를 뜯어서 확인해보니 다음과 같은 내용이었습니다.

"○○교회 최고 목사님께. 주차난이 심각한 요즘, 귀 교회가 주민들을 위해 교회 앞터를 개방하여 주차공간으로 꾸며주셔서 감사합니다. 더군다나 친절하게도 주차 방지턱까지 설치해 주시니 깊이 감사할 따름입니다."

교회는 마땅히 마을 사람들을 위해 기도하고, 그들이 처한 고통에 집중하며, 고통을 덜어줄 방안을 고심하거나 함께 고통에 참여하는 태도를 가져야 합니다. 이런 과정을 함께할 때, 비로소 교회 밖의 주민들이 교회를 향해 마음의 빗장을 열게 되고, 복음 전도의 가능성도 열립니다.

무엇보다 오늘 본문은 하나님께서 이 땅에 교회를 부르신 뜻과 소망과 기쁨에 대해 우리 마음의 눈으로 바라보고 감사할 것을 당부합니다. 하나님은 또 이 위대한 일을 이루시고자 우리에게 한없는 능력을 베푸실 것이라고 약속하십니다. 우리는 하나님의 뜻에 동참함으로써 그 능력을 체험하며, 그 사명이 주는 기쁨과 보람으로 충만한 감사를 누릴 수 있습니다.

1. 주변 사람들 때문에 감사했던 경험을 기억해 보고 나눠 봅시다.

_____

_____

_____

_____

2. 나를 통해 주변 사람들이 감사할 수 있다면, 우리가 할 수 있는 구체적인 행동은 무엇이 있을까요?

_____

_____

_____

_____

잘 익은 홍시
우리 가정이 '감사일기'를 쓰기 시작한 지 3년째가 되어 간다. 아이들은 아직 어렸으므로 함께 써야 했다. 그러나 아이들도 하루를 돌아보며 감사의 내용을 찾고, 감사의 기도를 드렸다. 엄마인 나는 가끔씩 일기를 썼지만 아이들은 3년 동안 일주일에 4~5일씩 일기를 썼다. 놀랍게도 아이들은 이런 시간을 가지면서 모든 일에 긍정적인 마음을 갖게 되었고, 그 내용을 감사일기에 쓸 줄 알게 되었다. 친구와 동생을 향한 배려가 남다르고, 다툼이 사라졌으며, 항상 즐거워하고, 감사한다. -김희영 님의 <내 인생을 바꾼 감사일기> 중에서

오늘의 감사시간을 축복합니다!

여덟째 날
데살로니가전서
3:7-13

함께 나눌
형제가 있다는 것

7 이러므로 형제들아 우리가 모든 궁핍과 환난 가운데서 너희 믿음으로 말미암아 너희에게 위로를 받았노라

8 그러므로 너희가 주 안에 굳게 선즉 우리가 이제는 살리라

9 우리가 우리 하나님 앞에서 너희로 말미암아 모든 기쁨으로 기뻐하니 너희를 위하여 능히 어떠한 감사로 하나님께 보답할까

10 주야로 심히 간구함은 너희 얼굴을 보고 너희 믿음이 부족한 것을 보충하게 하려 함이라

11 하나님 우리 아버지와 우리 주 예수는 우리 길을 너희에게로 갈 수 있게 하시오며

12 또 주께서 우리가 너희를 사랑함과 같이 너희도 피차간과 모든 사람에 대한 사랑이 더욱 많아 넘치게 하사

13 너희 마음을 굳건하게 하시고 우리 주 예수께서 그의 모든 성도와 함께 강림하실 때에 하나님 우리 아버지 앞에서 거룩함에 흠이 없게 하시기를 원하노라

감사의 미소 위에 우리 이웃들은 그들의 아름다운 인생을 건축한다.
- J. 크로닌 -

말씀의 뜨락

"**하**나님의 은혜를 받고 보니, 이전에는 내가 어떻게 신앙생활을 했는지 모르겠어요. 놀라운 하나님의 사랑과 은혜 때문에 너무 행복하고 감사해요."

목회자로 이런 간증을 교우들에게서 듣는 것보다 더 큰 기쁨과 위로는 없습니다. 사도 바울도 디모데를 통해 데살로니가 교회의 성도들이 환난 가운데서도 믿음에 굳게 서 있다는 소식을 전해 듣고 크게 기뻐하면서 하나님께 진정한 감사를 드렸습니다.

오늘의 본문을 '새번역성경'을 통해 보면 바울이 느낀 감사의 마음이 더욱 잘 드러납니다.

"그러므로 형제자매 여러분, 우리는 여러분을 보고, 우리의 모든 곤경과 환난 가운데서도, 여러분의 믿음으로 말미암아 위로를 받았습니다. 여러분이 주님 안에 굳게 서 있으면, 이제 우리가 살아 있는 셈이기 때문입니다. 우리가 우리 하나님 앞에서, 여러분 때문에 누리는 모든 기쁨을 두고, 여러분을 생각해서, 하나님께 어떠한 감사를 드려야 하겠습니까?"

바울은 데살로니가 교회 성도들의 굳센 믿음을 확인하면서 사역의 큰 기쁨과 보람을 느끼고 하나님께 감사합니다.

여기서 우리는 스스로 물어봐야 합니다.

'나는 하나님께로부터 받은 은혜를 간증함으로써 누군가에게 기쁨을 준 적이 있는가?'

하나님께로부터 받은 은혜는 나누면 나눌수록 더 풍성해집니다. 그러니 우리 곁에 언제나 믿음의 동역자들이 있음에 감사합시다. '하나님의 은혜로 말미암아 행복하고 감사하다'고 말하는 교우들이 있음을 감사합시다.

1. 믿음의 가족들로 인해 기쁨이 넘친 경험이 있나요?

_____

_____

_____

2. 그 기쁨은 당신의 다른 관계들에 어떤 영향을 주었나요?

_____

_____

_____

_____

잘 익은 홍시
배은주 집사는 태어나자마자 열병을 앓아서 그 후유증으로 소아마비가 되어 걸을 수 없었다. 여덟 번이나 다리와 척추 수술을 했는데도 걷지 못하자 자살까지 생각했다. 어느 날 동네의 한 친구가 그녀를 업고 교회에 갔다. 바로 그곳에서 그녀는 예수님을 만났고, 천국이 주는 소망에 가슴이 뜨거워졌다. 그 후 그녀는 장애인예술단의 단장으로, 또 가수이자 방송인으로, 작사자로 세계를 다니며 삶의 희망을 전하게 되었다. 그녀의 고백이다. "저는 장애를 불행이라고 생각하지 않습니다. 돌이켜 보니 고난을 겪으면서 비로소 희망이 내 안에 있음을 깨달았습니다. 앞으로 어떤 고난이 내 앞을 가로막더라도 그 세찬 바람조차 삶의 소중한 일부로 여기며 감사하겠습니다. 장애 때문에 오히려 많은 것을 할 수 있으니 감사할 뿐입니다."

두 주간 동안 감사로 나아가는 발걸음을 축복합니다!

아홉째 날
골로새서
1:3-8

열매 맺음의 기쁨

3 우리가 **너희**를 위하여 기도할 때마다 하나님 곧 우리 주 예수 그리스도의 아버지께 감사하노라
4 이는 그리스도 예수 안에 **너희**의 믿음과 모든 성도에 대한 사랑을 들었음이요
5 **너희**를 위하여 하늘에 쌓아 둔 소망으로 말미암음이니 곧 **너희**가 전에 복음 진리의 말씀을 들은 것이라
6 이 복음이 이미 **너희**에게 이르매 **너희**가 듣고 참으로 하나님의 은혜를 깨달은 날부터 **너희** 중에서와 같이 또한 온 천하에서도 열매를 맺어 자라는도다
7 이와 같이 우리와 함께 종 된 사랑하는 에바브라에게 **너희**가 배웠나니 그는 **너희**를 위한 그리스도의 신실한 일꾼이요
8 성령 안에서 **너희** 사랑을 우리에게 알린 자니라

가진 바 때문이 아니라 되어진 바로 인해 감사한다.
- 헬렌 켈러 -

말씀의
뜨락

바울은 기도할 때마다 골로새 교회 성도들로 말미암아 하나님께 감사를 드리는데, 그 이유는 그들이 그리스도 예수 안에서 믿음으로 살고 서로 사랑을 실천하고 있다는 소식을 들었기 때문입니다(3-4절). 목회자의 기쁨 중 으뜸은 성도들이 주님을 닮아 변화되어 가는 것입니다.

바울은 골로새 교회 성도들의 두 가지 성장 비결을 이야기하면서 감사합니다.

첫째, 복음을 전하는 신실한 일꾼에 대한 감사입니다.

"에바브라에게 너희가 배웠나니 그는 너희를 위한 그리스도의 신실한 일꾼이요"(7절)라는 구절에서 바울은 골로새 교회 성도들의 성장 뒤에 복음을 전하고 가르쳐준 그리스도의 신실한 일꾼이 있음을 감사하고 있습니다. 바로 그 신실한 일꾼 에바브라를 통해 바울은 성령께서 골로새 교회 성도들의 삶을 어떻게 변화시켰는지 전해들은 것입니다. 누군가의 간증이요 감사가 되는 삶은 아름답습니다. 우리의 기도가 되어야 할 제목입니다.

둘째, 하늘의 소망으로 살아가는 삶에 대한 감사입니다.

골로새 교회 성도들이 믿음 가운데 사랑을 베풀 줄 알게 된 까닭은 다름 아닌 "하늘에 쌓아 둔 소망"(5절) 때문이라고 알려줍니다. 성도란 이 땅에 발을 딛고 살지만 하늘의 소망을 품고 사는 사람들입니다. 복음은 곧 하늘의 소망을 우리 안에 심어주어 그 소망으로 살아가게 합니다. 우리가 하늘의 소망으로 살아갈 때, 즉 하늘나라의 시민이라는 믿음으로 사랑을 베풀며 살아갈 때 우리는 비로소 '복음'을 가진 사람들입니다. 그리고 이것이야말로 우리의 온전한 감사인 셈입니다.

1. 주님을 닮아 가는데 어려움을 주는 요소들은 무엇인가요?

_____

_____

_____

_____

2. 하늘의 소망을 갖고 살아가는 모습은 어때야 한다고 생각하나요?

_____

_____

_____

_____

잘 익은 홍시

<이름 없는 선교사들의 마을, 블랙 마운틴을 찾아서>라는 책은 미국 노스캐롤라이나 주의 산골마을에 살고 있는 선교사님들의 이야기를 담고 있습니다. 이들은 우리나라에서 선교사로 일한 뒤 은퇴한 분들입니다. 이제 20명 남짓 살아계신 그분들의 이야기가 우리 가슴을 따뜻하게 해줍니다. 저자는 이렇게 말합니다. "대구와 경주를 오가며 난민과 고아들을 위해 사역한 마리엘라 선교사님은 90세의 나이에도 불구하고 아프리카 말라위에 보낼 이불을 만들기 위해 재봉틀을 돌리고 있었습니다. 평양신학교를 세운 사무엘 A 마펫(마포삼열) 선교사의 아들 찰스 모펫과 그의 부인 아일린 모펫 선교사는 5,000여 명의 선교사 기록들을 20년 동안이나 정리하고 있었습니다. 그들은 지금도 한국을 잊지 않고 여전히 한국을 위해 기도하고 있습니다."

두 주간 동안 감사로 나아가는 발걸음을 축복합니다!

열째 날
골로새서
3:12-17

그리스도 안에서
한 몸이 된 이웃

12 그러므로 너희는 하나님이 택하사 거룩하고 사랑 받는 자처럼 긍휼과 자비와 겸손과 온유와 오래 참음을 옷 입고

13 누가 누구에게 불만이 있거든 서로 용납하여 피차 용서하되 주께서 너희를 용서하신 것 같이 너희도 그리하고

14 이 모든 것 위에 사랑을 더하라 이는 온전하게 매는 띠니라

15 그리스도의 평강이 너희 마음을 주장하게 하라 너희는 평강을 위하여 한 몸으로 부르심을 받았나니 너희는 또한 감사하는 자가 되라

16 그리스도의 말씀이 너희 속에 풍성히 거하여 모든 지혜로 피차 가르치며 권면하고 시와 찬송과 신령한 노래를 부르며 감사하는 마음으로 하나님을 찬양하고

17 또 무엇을 하든지 말에나 일에나 다 주 예수의 이름으로 하고 그를 힘입어 하나님 아버지께 감사하라

인생에서 가장 멋진 일은 모든 일에 감사하는 것, 이런 사람은 삶의 신비를 모두 꿰뚫게 된다.
- 슈바이처 -

말씀의 뜨락

하나님이 우리를 선택하셨다는 말은 곧 하나님이 우리를 사랑하셨다는 말입니다. 이 사랑이 우리에게 온전한 옷, 곧 긍휼, 자비, 겸손, 온유, 오래 참음 등의 옷으로 단장하게 합니다. 우리는 여기서 또 감사의 찬양을 드리게 됩니다. 하나님은 우리에게 이런 은혜의 옷을 입히시고, 한 몸이 된 이웃을 사랑하라 합니다. 즉 그들이 있어 감사하고, 혹 불만이 생기더라도 속히 용납하고 용서하라 합니다. 용서의 한계와 분량에 대해서는 그리스도께서 우리를 용서하신 것처럼 용서해야 한다고 가르쳐주셨습니다.

용서란 마치 사랑에 사랑을 더하여 모든 것을 묶는 밧줄 같습니다. 우리가 만약 그리스도의 사랑으로 이웃을 대한다면 마음의 불안은 사라지고 대신 평강이 자리잡습니다. 평강이란 아무 걱정과 탈이 없는 마음의 상태를 말합니다. 우리는 그리스도 안에서 한 몸을 이룬 지체들과 평강의 밧줄로 한 몸을 이루어야 합니다. 우리는 이런 목적을 두고 하늘의 부르심을 받은 사람들입니다. 여기에 감사의 제목이 있습니다.

만약 그동안 우리가 이웃을 용서하는 데 소극적이었다면 이제 내 속에 그리스도의 말씀으로 풍성하게 하고, 시와 찬송 그리고 신령한 노래로써 하나님께 감사하며 이웃들에게 무슨 행동을 하든, 무슨 말을 하든 우리 주 예수님의 이름으로 할 수 있어야 합니다.

우리는 또 우리 자신에게 질문해야 합니다. 나는 과연 나를 사랑하사 나를 위해 피 흘리신 우리 주 예수님을 믿고 그 사랑의 능력을 옷 입고 사는가? 그렇다면 우리에게 소중한 지체를 허락하신 하나님께 감사함으로 신령한 덕을 밧줄 삼아 사랑의 하나 됨을 이루어야 합니다. 나의 존재는 한 몸이 되어 존재하는 지체들로 말미암아 비로소 그 가치를 발하기 때문입니다.

Think & Write

1. 가정에서 남편과 아내, 자녀들이 사랑으로 하나 되지 못하게 하는 이유는 무엇이라고 생각하나요?

_____

_____

_____

_____

2. 사랑으로 하나되는 가정이 되기 위해 내가 결단해야 할 것은 무엇인가요?

_____

_____

_____

_____

잘 익은 홍시

미국의 야구 선수로 메이저리그에서 명성을 떨친 팀 버크는 34세의 젊은 나이에 은퇴를 결정했다. 아직 보장된 미래가 있었지만 그는 입양한 다섯 명의 자녀들을 위해 은퇴를 선언한 것이다. 그의 자녀들은 모두 중증 장애를 갖고 한국, 과테말라, 베트남 등에서 태어난 아이들이었다. 아빠로서 이 아이들을 돌보는 데 시간을 쏟아야 한다고 결심한 것이다. 팀버크와 그의 아내 크리스틴의 고백을 들어보자.

"우리는 불쌍한 이 아이들의 운명을 바꾸어 놓았습니다. 왜냐하면 누군가 그들을 돌보지 않으면 그들은 지금까지 생명을 유지하기 힘들었으니까요. 그러나 이 아이들을 키우면서 우리 부부가 깨달은 감사는 오히려 아이들이 우리의 운명을 바꾸어 놓았다고 말해야 옳습니다. 우리는 비로소 감사를 알게 했고, 행복을 알게 되었죠. 그리고 고통을 극복할 힘도 주었고 무엇보다 그리스도인이 되게 했으니까요."

두 주간 동안 감사로 나아가는 발걸음을 축복합니다!

열하루째 날
마태복음
26:26-29

'성찬'의 의미처럼
섬기는 것

26 그들이 먹을 때에 예수께서 떡을 가지사 축복하시고 떼어 제자들에게 주시며 이르시되 받아서 먹으라 이것은 내 몸이니라 하시고

27 또 잔을 가지사 감사 기도 하시고 그들에게 주시며 이르시되 너희가 다 이것을 마시라

28 이것은 죄 사함을 얻게 하려고 많은 사람을 위하여 흘리는 바 나의 피 곧 언약의 피니라

29 그러나 너희에게 이르노니 내가 포도나무에서 난 것을 이제부터 내 아버지의 나라에서 새것으로 너희와 함께 마시는 날까지 마시지 아니하리라 하시니라

마음의 동산에 감사가 사라질 때 그 사람은 죽은 사람과 다름없다.
- 밥 존슨 -

말씀의
뜨락

우리가 잘 아는 동화 중에 이런 이야기가 있습니다. 고아로 가난하고 외로운 어린아이는 너무나 배가 고파서 하나님께 기도합니다. "하나님 조금이라도 좋으니 덜 배가 고팠으면 좋겠어요." 그랬더니 잠시 후 낯선 어른이 어린아이의 측은한 모습을 보고 친절하게 먹을 것을 사줍니다. 그러자 어린아이는 어른의 얼굴을 빤히 올려다보며 "혹시 하나님이세요?" 하고 묻습니다.

어쩌면 배고픔 속에서 '낯선 하나님'을 문득 만나는 경험이야말로 성만찬의 의미가 아닐까요. 예수님은 당신의 몸과 피를 나누어 주시며 거룩한 만찬으로 초대하십니다. 예수님의 나눔은 윤리와 구제의 차원을 넘어, 각박한 현실 속에서 베푸시는 구원의 사랑입니다. 성찬이란 나눔 그 자체에 머물지 않고 우리 자신과 세상을 향한 주님의 사랑을 확신하고 고백하는 일이며, 이것을 오늘 지금 여기에서 재현하는 '감사의 제사'입니다.

즉, 그 놀라운 사랑을 기억 속에 묻어두지 않고 이웃들과 더불어 기념하고 선포하며, 나눔의 경험으로 끊임없이 실천하는 일이야말로 초대교회 예배의 핵심인 성찬의 의미입니다. '성찬'을 뜻하는 '유카리스트(Eucharist)'는 '감사하는 마음으로 드리는 예배'입니다. 그런 점에서 감사란 하나님의 사랑이 그리스도를 통해 우리 가운데 실현된 것을 기뻐하고 이를 이웃들과 나누는 능동적인 신앙의 표현입니다. 그래서 예수님도 당신 손에 맡겨진 오병이어를 들고 먼저 '감사기도'를 드리셨습니다.

그런데 사랑과 감사의 마음 없이 나누는 일은 자칫 자신의 넉넉함과 자신의 윤리의식에 대해 스스로 칭찬하고 자랑하는 어리석음을 범할 수 있습니다. 그러니 감사야말로 살과 피를 나누어줄 수밖에 없었던 예수님의 사랑을 이웃들과 나눌 수 있도록 만드는 삶의 비결인 셈입니다.

1. 사랑과 감사하는 마음을 가지고 나누고 도왔던 경험과 그 때의 느낌을 생각해 봅시다.

_____

_____

_____

2. 지금 내 주변에 나누고 도와야 할 사람들은 누가 있는지 적어 봅시다.

_____

_____

_____

_____

잘 익은 홍시
유명한 패션디자이너인 이광희 씨의 이야기이다. 그는 1992년부터 자선패션쇼를 열어서 무의탁노인과 희귀병 환자들을 도왔다. 2009년에는 월드비전의 친선대사로 아프리카 수단을 방문한 뒤 그들의 배고픔을 덜어주기 위해 망고나무 100그루를 선물했고, 2011년부터 '희망고'라는 국제 NGO를 세워 수단의 가난하고 병든 자들을 돕기 시작했다. 2014년부터는 한센인 사역도 시작했다. 그의 고백을 들어보자.
"수단을 다녀온 후 제 하루의 절반 이상을 '희망고 프로젝트'에 할애합니다. 이 일은 제2의 인생을 사는 기분이 들 정도로 저에게 넘치는 에너지를 선사합니다. 망고나무가 톤즈 사람들에게만 아니라 저에게도 희망을 준 셈이지요. 저는 그래서 나눔이야말로 가장 아름다운 삶의 디자인이라고 믿어요."

두 주간 동안 감사로 나아가는 발걸음을 축복합니다!

4장

나 자신에 대한
감사

열둘째 날
빌립보서
4:1-9

죽음 앞에서도
기뻐하는 까닭

1 그러므로 나의 사랑하고 사모하는 형제들, 나의 기쁨이요 면류관인 사랑하는 자들아 이와 같이 주 안에 서라

2 내가 유오디아를 권하고 순두게를 권하노니 주 안에서 같은 마음을 품으라

3 또 참으로 나와 멍에를 같이한 네게 구하노니 복음에 나와 함께 힘쓰던 저 여인들을 돕고 또한 글레멘드와 그 외에 나의 동역자들을 도우라 그 이름들이 생명책에 있느니라

4 주 안에서 항상 기뻐하라 내가 다시 말하노니 기뻐하라

5 너희 관용을 모든 사람에게 알게 하라 주께서 가까우시니라

6 아무 것도 염려하지 말고 다만 모든 일에 기도와 간구로, 너희 구할 것을 감사함으로 하나님께 아뢰라

7 그리하면 모든 지각에 뛰어난 하나님의 평강이 그리스도 예수 안에서 너희 마음과 생각을 지키시리라

8 끝으로 형제들아 무엇에든지 참되며 무엇에든지 경건하며 무엇에든지 옳으며 무엇에든지 정결하며 무엇에든지 사랑 받을 만하며 무엇에든지 칭찬 받을 만하며 무슨 덕이 있든지 무슨 기림이 있든지 이것들을 생각하라

9 너희는 내게 배우고 받고 듣고 본 바를 행하라 그리하면 평강의 하나님이 너희와 함께 계시리라

베풂에는 세 종류가 있다. 아까워하며 베푸는 것, 의무적으로 베푸는 것, 감사함으로 베푸는 것이다.
- 로버트 N. 로덴 메이어 -

말씀의
뜨락

불안감과 경제적 침체로 그야말로 평강의 하나님을 갈구하는 날들이 이어지고 있습니다. '염려하다'는 의미의 영어 단어 '워리(worry)'는 '목을 조르다, 질식시키다'는 의미를 가진 고대 독일어 '부르겐(wurgen)'에서 유래했다고 하는데, 그야말로 질식할 일들만 연이어 벌어지는 요즘은 염려와 근심으로 감사의 즐거움을 누리기가 쉽지 않습니다.

그러나 우리는 다시 감사하는 신앙으로 돌아가고자 합니다. 지금 우리는 어떤 감사의 제목을 찾아야 할까요? 오늘 본문이 그 답을 주고 있습니다.

바울은 이 편지를 로마의 감옥에서 기록했습니다. 그는 이제 곧 사형장으로 옮겨질 상황에 놓여 있습니다. 죽음의 그림자가 시시각각 다가오는 그 시각, 바울은 빌립보의 성도들을 향하여 항상 기뻐하라는 메시지를 전합니다. 어쩌다 가끔씩 기도하라, 말하지 않고 '항상 기뻐하라' 강조합니다. 편지의 독자들뿐만 아니라 바울 자신도 죽음의 그림자가 드리워진 그 어두운 시각에 '항상' 기뻐한 것입니다. 그의 기쁨은 고난 가운데서 피어난 것이었습니다.

어떻게 바울은 그 상황에서 기뻐하고 감사했을까요? 아마 기도할 때 하나님께서 응답하실 것을 확신한 것도 그 이유 중 하나일 것입니다. 자신이 지금 당면한 문제보다 하나님은 더욱 크신 분임을 확신했을 것입니다. 우주 만물의 창조주이신 하나님께서 성도들의 간구에 귀기울여 들으신다는 믿음이야말로 상황을 뛰어넘는 기쁨과 감사의 이유가 아닐까요. 염려할 것이 생겼다는 것은 기도의 자리로 나아오라는 신호이며, 하나님의 평강이 그리스도 예수 안에서 우리들의 마음과 생각을 지켜주신다는 약속입니다.

1. 지금 죽음 앞에 서 있다면, 당신은 어떤 태도를 취할 것 같나요?

_____

_____

_____

_____

2. 하나님께서 지금까지 인도하신 손길들을 구체적으로 적어봅시다.

_____

_____

_____

_____

잘 익은 홍시
<감사나눔신문> 발행인 김용환 장로의 이야기이다. 그는 이제 막 태어난 둘째아들 '이삭'이 중증 뇌성마비를 앓아 6개월도 못 넘길 것이라는 의사의 진단을 받고 절망했다. 그때 목사님으로부터 "이제부터 감사해보세요. 하루에 감사를 백 번이고 천 번이고 삼천 번이고 해보는 겁니다"라는 제안을 받았다. 그는 순종했다. 밤새도록 우는 아이를 붙잡고 "감사합니다"를 주문처럼 외웠다. 아이는 자지러지게 울지만 "감사합니다"라고 말했다. 온 가족이 그를 따라 믿음으로 감사의 고백을 하기 시작했다. 감사의 고백이 넘쳐나는 이 가정에 기적이 이어졌다. 6개월 시한부 생명으로 태어난 아들 이삭이 13년을 더 살았다. 비록 이삭은 13년 6개월의 짧은 생애를 마치고 천국으로 떠났지만 남은 가족들에게 '감사의 신앙'이라는 위대한 선물을 주고 간 셈이다.

두 주간 동안 감사로 나아가는 발걸음을 축복합니다!

열셋째 날
골로새서
2:1-7

뿌리 깊은
믿음의 표현

1 내가 너희와 라오디게아에 있는 자들과 무릇 내 육신의 얼굴을 보지 못한 자들을 위하여 얼마나 힘쓰는 지를 너희가 알기를 원하노니
2 이는 그들로 마음에 위안을 받고 사랑 안에서 연합하여 확실한 이해의 모든 풍성함과 하나님의 비밀인 그리스도를 깨닫게 하려 함이니
3 그 안에는 지혜와 지식의 모든 보화가 감추어져 있느니라
4 내가 이것을 말함은 아무도 교묘한 말로 너희를 속이지 못하게 하려 함이니

5 이는 내가 육신으로는 떠나 있으나 심령으로는 너희와 함께 있어 너희가 질서 있게 행함과 그리스도를 믿는 너희 믿음이 굳건한 것을 기쁘게 봄이라
6 그러므로 너희가 그리스도 예수를 주로 받았으니 그 안에서 행하되
7 그 안에 뿌리를 박으며 세움을 받아 교훈을 받은 대로 믿음에 굳게 서서 감사함을 넘치게 하라

감사하는 마음, 그것은 실상은 자기 자신의 평화를 위한 것이다.
- 이어령 -

말씀의 뜨락

어리석은 사람은 약을 독으로 먹지만, 현명한 사람은 독도 약으로 먹는다고 하지요. 마찬가지로 감사하는 사람은 불행을 행복으로 바꾸지만, 불평만 늘어놓는 사람은 행복조차 불행으로 바꿉니다. 믿음이 성장하면 감사로 나타나고 인격이 성숙해도 감사로 표현됩니다.

첫째, 넘치는 감사는 삶을 빛나게 합니다(6절).

넘치는 감사는 그리스도를 구주로 영접한 사람들에게 주어지는 하늘의 은혜이며, 그리스도와의 동행을 통해 구원받은 자가 누리는 아름다운 삶입니다. 주를 영접한 사람이라면 그리스도 안에서 행합니다. 그리스도를 내 안에 모시고 사는 사람 곧 그리스도와 동행하는 사람만이 거룩한 영성과 빛나고 아름다운 삶이 나타납니다. 이것이야말로 '삶의 감사'입니다. 주를 영접한 자가 누리는 감격은 충만한 감사로 나타나기 때문입니다.

둘째, 넘치는 감사는 튼튼한 믿음의 뿌리로부터 나옵니다(7절).

뿌리 없는 식물은 죽은 화초나 다름없습니다. 마찬가지로 우리 인생도 말씀의 교훈이라는 뿌리를 지니고 있어야 생명력이 있습니다. 이런 믿음이 비로소 튼튼한 믿음입니다. 여기서 넘치는 감사의 삶이 나타납니다. 말씀에 근거한 믿음을 우리는 하나님과 동행하는 믿음이라고 합니다. "감사함을 넘치게 하라"(7절)는 말씀에서 '감사함을'이란 단어는 '감사 안에서 감사로써'라는 뜻입니다. 즉 '감사로써 튼튼한 믿음을 가꾸라'는 의미이니, 감사로써 삶을 넉넉하게 할 뿐 아니라 감사로써 행복을 경영해 가라는 말씀입니다. 튼튼한 믿음이란 뿌리가 썩지 않는 믿음이며, 견고한 건축물 같이 흔들리지 않는 믿음입니다. 우리는 여기에 속아서는 안 됩니다. 그리스도와 동행하는 사람들의 삶을 통해 나타나는 하나님 나라의 체험, 이것이 곧 지극한 행복입니다.

Think & Write

1. 오늘 하루 나의 말에는 얼만큼 감사가 표현되었을까요? 표현되지 못했다면 그 이유
   는 무엇이라 생각하나요?

   _____

   _____

   _____

2. 감사의 기초는 튼튼한 믿음입니다. 오늘 그 믿음을 다지기 위한 구체적인 행동들을
   생각해 보세요.

   _____

   _____

   _____

잘 익은 홍시

2006년 1월 33세의 한 젊은 청년 의사가 세상을 떠나자 4,000여 명의 조문객들이 몰려
들었다. 생전에 그는 환자를 가족처럼 돌본 의사였다. 환자의 손을 잡고 위로하며, 함께
울어주고, 가난한 환자를 위해 병원비를 대신 냈다. 또한 그는 의대생 시절부터 '스티그
마'라는 ID로 신앙과 음악, 신앙 서적에 대한 글을 쓰는 작가였다. 주변 사람들이 기억하
는 그의 모습은 예배를 사랑하고, 전도하고, 자기의 것을 나누던 '바보'로 추억한다. 심지
어 비기독교인들에게는 '밥맛없는' 사람이란 조롱도 받았으나 사람들은 그의 말에 귀를
기울였다. 그는 이렇게 고백했다. "나는 책상 앞에 '코람데오(하나님 앞에서)'라는 문구를
붙이고 '그분 앞에서' 친밀함과 경외함이라는 두 개의 축으로 내 안에서 일어나는 크고
작은 생각들을 가라앉히며 마음과 생각을 그분께 고정시킵니다." 그가 바로 <그 청년 바
보의사>의 주인공 안수현 씨이다.

두 주간 동안 감사로 나아가는 발걸음을 축복합니다!

열넷째 날
시편
69:29-36

가난할 때 하나님께로 나아가다

29 오직 나는 가난하고 슬프오니 하나님이여 주의 구원으로 나를 높이소서

30 내가 노래로 하나님의 이름을 찬송하며 감사함으로 하나님을 위대하시다 하리니

31 이것이 소 곧 뿔과 굽이 있는 황소를 드림보다 여호와를 더욱 기쁘시게 함이 될 것이라

32 곤고한 자가 이를 보고 기뻐하나니 하나님을 찾는 너희들아 너희 마음을 소생하게 할지어다

33 여호와는 궁핍한 자의 소리를 들으시며 자기로 말미암아 갇힌 자를 멸시하지 아니하시나니

34 천지가 그를 찬송할 것이요 바다와 그 중의 모든 생물도 그리할지로다

35 하나님이 시온을 구원하시고 유다 성읍들을 건설하시리니 무리가 거기에 살며 소유를 삼으리로다

36 그의 종들의 후손이 또한 이를 상속하고 그의 이름을 사랑하는 자가 그 중에 살리로다

하루에도 감사한 일이 수없이 많이 일어나지만, 그 일을 감사한 일로 여기는 이에게만 '감사'가 된다.
- 이의용 -

말씀의
뜨락

가난은 대개 우리들을 측은하게 만듭니다. 그 정도가 심하거나 빚까지 있으면 그 고통은 더욱 크게 마련입니다. 그렇다면 이런 모습은 하늘 아버지를 둔 우리 그리스도인들에게도 마찬가지일까요?

오늘의 본문은 다윗이 자신에게 처한 가난에 대해 하나님께 기도로 호소하는 부분입니다. 다윗은 믿음이 좋은 사람입니다. 그럼에도 다윗은 자신의 가난을 묘사합니다. 만약 가난의 고통이 이러하다면 여간 믿음 좋은 성도라 하더라도 견디기 어려울 것입니다.

그러나 다윗은 가난의 범위를 물질적인 것에 국한하지 않습니다. 다윗의 빈곤감은 하나님을 향한 자신의 열성을 훼방하는 사람들 때문에 찾아온 고통이었습니다. 주의 집(교회)을 사모하는 열성에 방해를 받고(9절), 대적들의 비방과 수치와 능욕은 극심했습니다(19절). 이런 심한 핍박을 받으며 그는 하나님을 향해 고통을 부르짖느라 목이 마르고 눈이 쇠했으나(3절) 하나님의 응답은 늦어져 안타까워합니다(13-14절). 다윗의 가난은 물질적인 가난과 하나님을 향한 영적 가난이 한 데 합쳐진 가난이었습니다.

그러나 아무리 힘든 상황에도 믿음이 흔들리지 않으면 극복할 수가 있습니다. 다윗은 힘들 때도 하나님께 감사의 찬송을 드렸습니다(30절). 이것이야말로 부자들의 풍성한 제물보다 낫다고 믿기에 "하나님은 궁핍한 자와 갇힌 자를 멸시하지 않으신다"고 고백합니다(33절).

지금 가난에 처해 있다면, 부요하신 자리에서 떠나 스스로 가난하게 되신 하나님을 바라보아야 합니다. 가난의 시험은 잠깐입니다. 가난할 때 감사해야 하는 까닭을 배워야 합니다(욥기 1장 21절, 42장 12절).

1. 현재 우리의 영적인 모습은 가난합니까? 부요합니까? 가난하다면 그 이유가 무엇이
라 생각하나요?

_____

_____

_____

_____

2. 다윗과 같이 나의 가난함을 통해 하나님을 바라보기 원한다면, 우리가 할 수 있는 노
력들은 무엇일까요?

_____

_____

_____

_____

잘 익은 홍시
'풀빵 엄마'로 알려진 최정미 씨(38세)는 1급 장애인으로 풀빵 장사를 하면서 8세, 6세 자
녀를 근근이 양육하는 싱글맘이다. 그녀는 종일 풀빵 장사를 하느라 일주일에 닷새는 아
이들을 보육시설에 맡기고 금요일 밤에 찾아왔다. 그 와중에 그녀는 위암 말기 진단을 받
는다. 아이들만 남기고 갈 수 없어서 그녀는 항암치료를 받으며 투병했지만 수술 후 4개
월 만에 또 재발. 이제 그녀는 사람이 할 수 있는 일이 아니라는 생각에 하나님께로 나아
간다. 아이들이 스스로 살아갈 수 있을 때까지만이라도 살 수 있게 해 달라는 기도를 드
린다. 그럼에도 그녀는 끝내 죽음을 맞고 만다. 하나님은 그녀의 간절한 기도에도 침묵하
셨다. 그러나 최정미 씨는 죽음 앞에서 눈물을 흘리며 이렇게 기도했다.
"나는 아버지의 집으로 갑니다. 우리 아이들은 아버지께서 지켜주실 것입니다. 나는 지금
하나님으로 충만합니다. 하나님의 영광이 내 영혼을 가득 채우고 있습니다."

두 주간 동안 감사로 나아가는 발걸음을 축복합니다!

말씀

열다섯째 날
시편
30:1-12
부르짖음, 은혜 그리고 형통의 복

1 여호와여 내가 주를 높일 것은 주께서 나를 끌어내사 내 원수로 하여금 나로 말미암아 기뻐하지 못하게 하심이니이다

2 여호와 내 하나님이여 내가 주께 부르짖으매 나를 고치셨나이다

3 여호와여 주께서 내 영혼을 스올에서 끌어내어 나를 살리사 무덤으로 내려가지 아니하게 하셨나이다

4 주의 성도들아 여호와를 찬송하며 그의 거룩함을 기억하며 감사하라

5 그의 노염은 잠깐이요 그의 은총은 평생이로다 저녁에는 울음이 깃들일지라도 아침에는 기쁨이 오리로다

6 내가 형통할 때에 말하기를 영원히 흔들리지 아니하리라 하였도다

7 여호와여 주의 은혜로 나를 산 같이 굳게 세우셨더니 주의 얼굴을 가리시매 내가 근심하였나이다

8 여호와여 내가 주께 부르짖고 여호와께 간구하기를

9 내가 무덤에 내려갈 때에 나의 피가 무슨 유익이 있으리요 진토가 어떻게 주를 찬송하며 주의 진리를 선포하리이까

10 여호와여 들으시고 내게 은혜를 베푸소서 여호와여 나를 돕는 자가 되소서 하였나이다

11 주께서 나의 슬픔이 변하여 내게 춤이 되게 하시며 나의 베옷을 벗기고 기쁨으로 띠 띠우셨나이다

12 이는 잠잠하지 아니하고 내 영광으로 주를 찬송하게 하심이니 여호와 나의 하나님이여 내가 주께 영원히 감사하리이다

감사는 절대 감사, 무조건 감사, 한평생 감사가 되어야 한다.
- 이영훈 -

말씀의
뜨락

다윗은 심한 고통 속에서 하나님께 부르짖습니다. 죽을 만큼 고통스러웠습니다. 그러나 다행히 하나님의 은혜로 치유의 기쁨을 맛본 다윗이 이제 감사의 시로써 하나님을 찬양합니다. 이 시가 오늘의 본문입니다. 다윗은 이 시에서 하나님을 찬송하고 그의 거룩하심을 추억합니다. 찬송과 추억의 마지막은 감사입니다. 감사는 그리스도인들에게 허락하신 하나님의 은혜입니다.

다윗이 병들어 죽음의 고비를 넘나들 때 원수들은 아마도 다윗의 부고를 기다렸을 것입니다. 하지만 하나님은 다윗에게 오히려 은혜를 베푸셔서 목숨을 지켜주심으로써 원수들이 떠들며 웃지 못하도록 막아주셨습니다. 다윗은 하나님의 이 한량없는 은혜를 감사하고 찬양합니다.

"주께서 나의 슬픔이 변하여 내게 춤이 되게 하시며, 나의 베옷(환자복)을 벗기고 기쁨으로 띠 띠우셨나이다 이는 잠잠하지 아니하고 내 영광으로 주를 찬송하게 하심이니 여호와 나의 하나님이여 내가 주께 영원히 감사하리이다"(11-12절). 다윗에게도 언제나 고난의 시간이 이어졌고 그때마다 고통스러워 하나님께로 나아갔지만, 하나님은 언제나 그의 기도를 들으시고 응답하심으로써 마침내 다윗으로 하여금 감사의 노래를 부르게 하신 것입니다.

하나님께서 다윗에게 허락하신 고난의 시간과 치유의 은혜와 형통의 복은 오늘 우리에게도 그대로 재현되는 이야기입니다. 무서운 병과 가난과 재난의 위기에서 우리는 언제나 하나님께 나아가 부르짖습니다. 또한 다윗처럼 감사의 노래를 부릅니다. "내게 주신 모든 은혜를 내가 여호와께 무엇으로 보답할까?" 고백합니다. 그렇게 감사함으로써 우리는 하나님의 은혜를 맛봅니다.

Think & Write

1. 현재 겪고 있는 어려움은 무엇입니까? 혹시 그 어려움으로 인해 감사하고 있나요?

_____

_____

_____

_____

2. 현재의 고난을 통해 주실 하나님의 복을 믿음의 눈으로 깊이 묵상하고, 적어보세요.

_____

_____

_____

_____

잘 익은 홍시

<난 당신이 좋아>라는 책을 쓴 김병년 목사(다드림교회)는 셋째 아이를 낳다 식물인간
이 되어버린 아내를 대신해 세 자녀를 돌보고, 병든 아내를 간호하면서, 목회까지 해내야
한다. 움직이지 못하는 아내의 대소변을 받고 호스로 음식물을 넣어주는가 하면 욕창이
생기지 않도록 아내의 몸을 구석구석 깨끗이 닦아 준다. 그의 삶은 상상할 수 없을 고통
을 수반한다. 그럼에도 하나님의 은혜가 감사하다고 고백한다.
"광야생활에도 즐거움은 있습니다. 느린 걸음이 주는 여유가 있기 때문입니다. 천천히 걸
을수록 더 많은 것을 보고 느낄 수 있습니다. 빨리 달릴 때는 불평이 더 많고, 천천히 걸
으면 오히려 감사할 것이 더 많이 보입니다."

21일 동안 주어지는 감사의 시간을 축복합니다!

열여섯째 날
데살로니가전서
5:12-22

종말을
살아가는 힘

12 형제들아 우리가 너희에게 구하노니 너희 가운데서 수고하고 주 안에서 너희를 다스리며 권하는 자들을 너희가 알고

13 그들의 역사로 말미암아 사랑 안에서 가장 귀히 여기며 너희끼리 화목하라

14 또 형제들아 너희를 권면하노니 게으른 자들을 권계하며 마음이 약한 자들을 격려하고 힘이 없는 자들을 붙들어 주며 모든 사람에게 오래 참으라

15 삼가 누가 누구에게든지 악으로 악을 갚지 말게 하고 서로 대하든지 모든 사람을 대하든지 항상 선을 따르라

16 항상 기뻐하라

17 쉬지 말고 기도하라

18 범사에 감사하라 이것이 그리스도 예수 안에서 너희를 향하신 하나님의 뜻이니라

19 성령을 소멸하지 말며

20 예언을 멸시하지 말고

21 범사에 헤아려 좋은 것을 취하고

22 악은 어떤 모양이라도 버리라

이 세상에서 가장 상큼하고 맛있는 과일은 감사다.
- 메난드로스 -

말씀의
뜨락

'**신**앙생활의 백미'라 할 수 있는 이 말씀은 기쁨, 기도, 감사의 삶을 살라고 명령합니다.

평소 이 말씀대로 살려고 노력해보면, 이 셋은 따로 떨어져 있지 않고 함께 발현된다는 사실을 알게 됩니다. 범사에 감사하고, 생각날 때마다 감사로 기도하면, 벅찬 기쁨이 솟아오르는 것을 느낄 수 있습니다.

그러나 때로는 도저히 기뻐할 수 없는 상황에 처할 때가 있습니다. 기도해야 한다는 걸 알면서도 한숨만 나오고 감사보다 원망이 몰려올 때가 있습니다. 그런 때는 어떻게 해야 할까요?

여기 데살로니가 교회의 교인들이 처한 형편이 그러했습니다. 박해와 시련이 몰려오는 상황이었으니 주께서 재림하실 종말을 소망하지 않고는 견디기 힘든 현실이었을 것입니다. 바로 이때 신앙의 멘토 같은 바울의 편지가 도착한 것입니다.

이 편지에서 바울은 기쁨, 기도, 감사의 삶을 대안으로 제시합니다. '하나님의 뜻'은 역경에 굴하지 않고 항상 기뻐하고, 쉬지 말고 기도하며, 범사에 감사하는 것이라고 알려줍니다.

하지만 아무리 초대교회 때와는 다르다고 하지만, 오늘날처럼 복잡하고 불안정하며 때로는 험악한 시대를 살아가며 어떻게 항상 기뻐하고, 쉬지 말고 기도하며, 범사에 감사할 수 있을까요?

먼저 하나님의 마음을 느끼게 해달라는 기도를 해봅시다. 자식에게 좋은 것을 주려는 아버지의 마음을 느낀다면 모르긴 해도 하늘 아버지께서 좋은 길로 이끄실 것을 믿으며 감사하게 되겠지요. 또 그러고 나면 우리 안에서 충만한 기쁨이 솟아오르겠지요.

Think & Write

1. 감사할 수 없는 상황(건강·경제·자녀의 문제 등)이 주어졌을 때, 나의 모습은 어떠했나요?

_____

_____

_____

_____

2. 역경의 상황 속에서도 끊임없이 펼치시는 하나님의 손길들은 어떤 것이 있었는지 생각해 봅시다.

_____

_____

_____

_____

잘 익은 홍시
연세대학교 세브란스병원 환우들의 간증을 담은 책 <더 아파하시는 하나님>에는 요한이 엄마라는 분의 간증이 나온다. 요한이는 태어나 56일째 되던 날 갑자기 고열과 함께 경기를 일으켰다. 병원에서는 '세균성 뇌수막염'이라고 했다. 태어나 백일도 안 된 어린아이가 죽음 앞에 직면한 순간 엄마는 눈물만 흘렸다. 그렇게 사흘을 울고 나서 주님 앞에 찬양하고 감사했다. 놀랍게도 사흘 만에 요한이가 의식을 회복하고 나중에 일반병실로 옮겨졌다. 정밀검사 결과 약물치료만으로 회복이 가능했다. 퇴원 후 요한이는 또 다시 경기를 하고 입원과 퇴원을 반복했다. 그러나 요한이의 엄마는 '감사하며 살겠다'고 결심했다. 감사하고, 감사하고 또 감사했다. 그러면서 마음에 평안이 찾아들고 요한이도 회복되었다.

21일 동안 주어지는 감사의 시간을 축복합니다!

5장

소명에 대한
감사

열일곱째 날
고린도후서
2:12-17

바울의 감사를
맛보다

12 내가 그리스도의 복음을 위하여 드로아에 이르매 주 안에서 문이 내게 열렸으되

13 내가 내 형제 디도를 만나지 못하므로 내 심령이 편하지 못하여 그들을 작별하고 마게도냐로 갔노라

14 항상 우리를 그리스도 안에서 이기게 하시고 우리로 말미암아 각처에서 그리스도를 아는 냄새를 나타내시는 하나님께 감사하노라

15 우리는 구원 받는 자들에게나 망하는 자들에게나 하나님 앞에서 그리스도의 향기니

16 이 사람에게는 사망으로부터 사망에 이르는 냄새요 저 사람에게는 생명으로부터 생명에 이르는 냄새라 누가 이 일을 감당하리요

17 우리는 수많은 사람들처럼 하나님의 말씀을 혼잡하게 하지 아니하고 곧 순전함으로 하나님께 받은 것 같이 하나님 앞에서와 그리스도 안에서 말하노라

감사를 통해 인간은 넉넉함을 얻는다.
- 본회퍼 -

말씀의
뜨락

악랄한 박해자였던 사울이 부활하신 그리스도를 다메섹 도상에서 만난 뒤 구원의 진리를 깨닫고 마침내 그리스도의 일꾼으로 평생을 살아갑니다.

믿음으로 의롭게 된 바울은 그리스도로부터 받은 이 구원의 복음을 다른 사람들에게 전하는 일에 생명을 바쳤습니다. 뿐만 아니라 그 일을 하면서 하늘의 기쁨을 누렸습니다. 그는 복음 전하는 일을 하면서 누구보다 많은 핍박을 받아 죽음의 위기를 당하는 상황에서도 하나님께 뜨거운 감사를 드렸습니다. "항상 우리를 그리스도 안에서 이기게 하시고, 우리로 말미암아 각처에서 그리스도를 아는 냄새를 나타내시는 하나님께 감사하노라"(14절).

이 고백을 통해 바울은 복음 전하는 일을 통해 하나님께서 그리스도의 냄새를 남기게 하신 일에 감사하고 있습니다. 이 냄새는 그리스도의 향기입니다. 바울이 어떤 핍박과 모독과 생명의 위협을 당하면서도 끝내 감사할 수 있었던 까닭이 바로 그리스도의 향기를 그곳에 나타냈기 때문입니다.

우리는 그리스도의 향기로 살고자 기도합니다. 그 일의 한 방편은 복음을 전하는 일입니다. 구원의 복음을 함께 누리고자 하는 사랑의 마음과 모든 사람이 구원에 이르기를 소망하시는 하나님의 마음을 품고 산다면 복음 전도를 통해 그리스도의 향기를 나타내는 일에 시간과 땀을 쏟을 수밖에 없습니다. 이 일은 마지못해 할 일이 아니라 바울처럼 목숨을 걸고도 기쁨으로 해야 할 일입니다. 그럼으로써 우리는 천하보다 소중한 영혼을 구원하는 영광스러운 일에 동역자로 부르신 하나님의 은혜를 비로소 깨닫게 됩니다. 이 깨달음이 가져다줄 기쁨과 감사를 바울처럼 누릴 수 있기를 기도합니다.

1. 현재 복음 전하는 일에 열심을 갖지 못하게 하는 구체적인 요인들은 무엇인가요?

_____

_____

_____

_____

2. 우리가 가정, 직장에서 드러낼 수 있는 구체적인 그리스도의 향기는 무엇입니까?

_____

_____

_____

_____

잘 익은 홍시
젊은 선교사 다섯 명이 아내들을 남겨둔 채 단 한 사람의 기독교인도 없는 에콰도르의 아우카 인디언 마을로 들어가 그곳에서 원주민들에게 죽임을 당하고 말았다. 책 <영광의 문>은 그들이 남겨둔 아내들이 "남편이 이루지 못한 사역을 우리가 계속하자!"고 다짐하고 어린아이들을 안고 아우카 부족의 마을을 찾아간 이야기를 담고 있다. 그곳에서 아내들은 아직 복음을 듣지 못한 그들에게 복음을 전하고, 환자들을 치료하고, 가난하고 불쌍한 여인들을 돌보았다. 어느 날 아우카 부족의 추장이 한 아내에게 질문한다. "당신은 누구입니까? 도대체 우리를 위해 이토록 애쓰며 수고하는 이유가 무엇입니까?" 그러자 그녀는 이렇게 대답한다. "나는 5년 전 당신들이 죽인 그 남자의 아내입니다. 그러나 하나님의 사랑 때문에 나는 여기에 올 수밖에 없었습니다."

21일 동안 주어지는 감사의 시간을 축복합니다!

열여덟째 날
요한복음
11:39-44

무덤의
문을 열면…

39 예수께서 이르시되 돌을 옮겨 놓으라 하시니 그 죽은 자의 누이 마르다가 이르되 주여 죽은 지가 나흘이 되었으매 벌써 냄새가 나나이다
40 예수께서 이르시되 내 말이 네가 믿으면 하나님의 영광을 보리라 하지 아니하였느냐 하시니
41 돌을 옮겨 놓으니 예수께서 눈을 들어 우러러 보시고 이르시되 아버지여 내 말을 들으신 것을 감사하나이다
42 항상 내 말을 들으시는 줄을 내가 알았나이다 그러나 이 말씀 하옵는 것은 둘러선 무리를 위함이니 곧 아버지께서 나를 보내신 것을 그들로 믿게 하려 함이니이다
43 이 말씀을 하시고 큰 소리로 나사로야 나오라 부르시니
44 죽은 자가 수족을 베로 동인 채로 나오는데 그 얼굴은 수건에 싸였더라 예수께서 이르시되 풀어 놓아 다니게 하라 하시니라

감사는 야비한 사람들에게서는 결코 발견할 수 없는 위대한 교양의 결실이다.
- S. 존슨 -

묵상

말씀의 뜨락

예수님이 죽은 나사로의 누이 마르다에게 굴 무덤의 입구를 막은 돌을 옮겨 달라 하시자 마르다는 죽은 지가 이미 나흘이 되어 시신에서 부패하는 냄새가 나고 있을 텐데 군이 무덤의 문을 열 필요가 있겠냐고 말합니다. 그러자 예수님은 책망하시지 않고 믿음과 순종으로 하나님의 영광을 보도록 타이릅니다. 마르다는 말씀에 순종하여 무덤을 막은 돌을 옮기게 했고, 결국 죽은 나사로가 살아나는 하나님의 놀라운 역사를 목격합니다.

오늘 본문에서 무엇보다 무덤을 막은 돌을 옮기는 믿음과 순종의 행위에 대해 생각해 봅니다. 사실 예수님이 마르다에게 무덤의 문을 열라고 시켰을 때 마르다의 심경은 매우 복잡했으리라 여겨집니다. 이미 나흘 동안 애도의 기간을 가진 뒤입니다. 혈육을 떠나보낸 슬픔을 겨우 추스르고 있는데 다시 무덤을 열어 부패가 시작된 동생의 시신을 눈으로 확인해야 한다는 건 누구보다 마르다 자신에게 가장 큰 고통이 아닐 수 없었을 것입니다.

하지만 믿음이란 우리의 상식과 경험으로는 이해할 수 없는 하나님의 일하심에 대해 나 자신의 의지를 내려놓고 순종하는 행위를 말합니다. 우리는 때로 그분의 생각이 사람의 생각보다 깊고 높다는 사실을 망각한 채 그 신비로운 하나님의 역사를 인정하지 않습니다. 그 결과 나의 상식과 경험에 순종해 버리는 불신앙을 드러내고 맙니다. 내가 살아오며 축적해 온 온갖 척도로써 하나님의 뜻을 재고 자르고 덧붙입니다. 이런 삶으로는 결코 온전한 감사의 제사를 드릴 수 없습니다. 이미 왜곡된 감사이기 때문입니다. 언제나 무덤을 막은 돌 '너머' 신비하고 놀라운 하나님의 세계가 열릴 것을 기대하는 신앙이야말로 지금 우리에게 필요한 신앙이 아닐까요.

Think & Write

1. 응답받지 못했던 간절한 기도제목이 있었나요? 응답받지 못한 이유가 무엇이라 생각하나요?

_____

_____

_____

_____

2. 응답받지 못했던 기도제목이 지금에 와서 선을 이룬 것이 있다면 무엇입니까?

_____

_____

_____

_____

잘 익은 홍시

다니엘은 태어난 지 1년 4개월 만에 가브리엘의 집에 맡겨졌다. 17가지의 희귀질환을 몸에 갖고 태어난 다니엘은 커가면서 힘겨운 치료와 20회 이상의 수술을 받고 기적처럼 생명을 이어가고 있다. 말을 한 마디 하려고 해도 목에 심은 관의 구멍을 손가락으로 막고 나서야 비로소 할 수 있다. 그런 다니엘에게 취미가 하나 있는데 '예배놀이'가 그것이다. 강단을 만들고 아이들을 그 앞에 앉힌 뒤 예배를 드린다. 주보도 만든다. 그렇게 목사님을 꿈꾸는 다니엘은 치료를 받을 때도 의료진들이 힘들지 않도록 배려하고, 자기의 흉한 모습을 다른 사람이 보고 놀랄까봐 산책도 자제하며, 누군가를 위해 기도한다. 그러면서 감사한다. 다니엘의 일기장엔 이런 글이 있다. "요즘은 무척 행복하다. 매일 학교에 가서 선생님들과 친구들을 만날 수 있으니 아침이 무척 기다려진다. 빨리 머리와 얼굴에 있는 기계를 떼어내고 맘껏 뛰어 놀고 싶다. 그리고 공부도 더 열심히 해서 목사님이 되고 싶다. 그래서 나처럼 병으로 힘들어 하는 사람들을 도와주고 위로해 주고 싶다."

21일 동안 주어지는 감사의 시간을 축복합니다!

말씀

열아홉째 날
빌립보서
1:3-11

복음과 교제하는
즐거움

3 내가 너희를 생각할 때마다 나의 하나님께 감사하며

4 간구할 때마다 너희 무리를 위하여 기쁨으로 항상 간구함은

5 너희가 첫날부터 이제까지 복음을 위한 일에 참여하고 있기 때문이라

6 너희 안에서 착한 일을 시작하신 이가 그리스도 예수의 날까지 이루실 줄을 우리는 확신하노라

7 내가 너희 무리를 위하여 이와 같이 생각하는 것이 마땅하니 이는 너희가 내 마음에 있음이며 나의 매임과 복음을 변명함과 확정함에 너희가 다 나와 함께 은혜에 참여한 자가 됨이라

8 내가 예수 그리스도의 심장으로 너희 무리를 얼마나 사모하는지 하나님이 내 증인이시니라

9 내가 기도하노라 너희 사랑을 지식과 모든 총명으로 점점 더 풍성하게 하사

10 너희로 지극히 선한 것을 분별하며 또 진실하여 허물 없이 그리스도의 날까지 이르고

11 예수 그리스도로 말미암아 의의 열매가 가득하여 하나님의 영광과 찬송이 되기를 원하노라.

예의 중에 가장 아름다운 형태는 감사이다.
- J. 마르뎅 -

말씀의
뜨락

어른 아이를 막론하고 스마트폰 게임에 빠져 있는 모습은 이제는 전철이나 버스 안에서 흔히 보게 되는 풍경입니다. 심지어 카페에서도 이런 모습은 눈에 띕니다. 함께 차를 마시며 이야기하기보다 각자 자기 스마트폰을 만지작거리느라 대화가 없습니다. 이처럼 스마트폰에 중독된 우리들은 예배를 드리면서도 혹시 문자메시지가 온 게 아닌지 습관적으로 스마트폰을 들었다 놓았다 합니다. 우리는 어쩌면 핸드폰과 무미건조한 교제를 나누고 있는지 모르겠습니다.

사도바울은 오늘의 본문에서 이렇게 서두를 꺼냅니다. "내가 너희를 생각할 때마다 나의 하나님께 감사하며 간구할 때마다 너희 무리를 위하여 기쁨으로 항상 간구함은 너희가 첫날부터 이제까지 복음을 위한 일에 참여하고 있기 때문이라"(3-5절). 여기서 "복음을 위한 일에 참여한다"는 구절에 주목해 봅니다. 이 말은 원어에서 "복음과 교제한다"는 의미로 사용되었습니다.

그런데 이 말을 빌립보서라는 큰 틀을 놓고 볼 때 다음 두 가지 의미가 있습니다. 하나는 '복음을 몸으로 살아내라'는 것인데, 곧 복음에 합당한 생활을 한다는 의미입니다. 성화의 삶에 대한 언급인 셈입니다. 또 하나는 '복음을 전파한다'는 의미로 여기에는 복음을 부끄러워하지 않고, 어떠한 형편에서든 복음을 전함으로써 구원의 자녀로 살아간다는 사실입니다. 실제로 바울은 복음과 교제하며 살아가는 빌립보 교인들로부터 이 '의의 열매'를 확인했고, 이것이 하나님의 영광과 찬송이 되므로 기뻐하고 감사합니다.

우리가 빌립보 교인들처럼 복음과 교제하며 살아갈 때 우리에게 복음을 전해준 분들의 은혜에 보답하는 일이며, 동시에 우리에게도 한없는 감사가 넘칠 것입니다.

1. 가족, 친구, 믿음의 가족들과 교제를 나누면서 감사와 기쁨을 경험했다면 그 이유는 무엇이라 생각하나요?

_____

_____

_____

_____

2. 감사와 기쁨을 함께 나눌 수 있는 복음에 합당한 생활은 무엇일까요?

_____

_____

_____

_____

잘 익은 홍시

'청계천 빈민의 성자'라 불리는 노무라 모토유키 목사는 과거 일본이 한국인들에게 저지른 과거 때문에 회개하는 마음으로 1968년 한국에 들어왔다. 당시 청계천의 빈민촌은 악취로 가득했으며, 무엇보다 절망한 이들의 슬픔이 자욱한 어둠의 땅이었다. 그는 거기서 죽어가는 한 소녀의 상처에서 구더기들이 살을 파먹고 있는 모습을 목격했는데, 거기서 예수님의 말씀에 사로잡히듯 버려진 이들의 친구로 살고자 다짐했다. 이후로 강도나 깡패 등 사람들이 멀리하는 이들의 친구가 되어 자신의 삶을 그들을 위해 던졌다. 그의 고백이다. "죽어가는 소녀의 모습을 통해 예수님이 말씀하시고자 하는 게 무엇인지 조금씩 알게 됐습니다. 지옥과 같은 그곳에도 예수님의 십자가가 있고, 희망이 있고, 오손도손 서로 돕고 살아가는 정이 있었습니다. 그곳이야말로 제게는 가장 훌륭한 천국의 모형이었습니다. 앞으로도 한국인을 위해 이 섬김과 나눔을 계속할 것입니다."

21일 동안 주어지는 감사의 시간을 축복합니다!

스물째 날
고린도후서
9:10-15

감사의 선순환을
만드는 힘

10 심는 자에게 씨와 먹을 양식을 주시는 이가 너희 심을 것을 주사 풍성하게 하시고 너희 의의 열매를 더하게 하시리니

11 너희가 모든 일에 넉넉하여 너그럽게 연보를 함은 그들이 우리로 말미암아 하나님께 감사하게 하는 것이라

12 이 봉사의 직무가 성도들의 부족한 것을 보충할 뿐 아니라 사람들이 하나님께 드리는 많은 감사로 말미암아 넘쳤느니라

13 이 직무로 증거를 삼아 너희가 그리스도의 복음을 진실히 믿고 복종하는 것과 그들과 모든 사람을 섬기는 너희의 후한 연보로 말미암아 하나님께 영광을 돌리고

14 또 그들이 너희를 위하여 간구하며 하나님이 너희에게 주신 지극한 은혜로 말미암아 너희를 사모하느니라

15 말할 수 없는 그의 은사로 말미암아 하나님께 감사하노라

음식에 소금이 맛을 주는 것처럼 감사는 생활에 맛을 더해준다.
- 스트라잇 -

말씀의 뜨락

바울은 예루살렘 교회 성도들의 기근을 위해 후원하는 고린도 교회 성도들에게 감사하며 그들의 연보가 얼마나 귀한 일인지를 설명합니다.

고린도 교회 성도들의 헌금은 예루살렘 교회 성도들의 궁핍함을 채울 뿐 아니라 하나님께 감사하게 될 것입니다(12절). 또 헌금을 하는 고린도 교회 성도들은 이러한 헌금을 통해 하나님의 뜻에 순종하고 또 그리스도의 복음을 고백함으로써 너그러운 마음으로 도움의 손을 내미는 일이 될 것이라고 알려줍니다(13절). 결국 예루살렘 교회의 성도들은 고린도 교회의 성도들을 그리워하고 기도할 것입니다(14절). 이것이야말로 '감사의 선순환'인 셈입니다.

자본주의 세계에 살아가는 우리들은 늘 '자본' 곧 '돈'의 압박과 유혹으로부터 자유롭지 않습니다. 특히 우리 사회는 마치 물질적인 풍요로움이 삶의 목적이 되어버린 듯합니다. 돈의 가치가 모든 가치보다 우선하는 셈이니 예수님이 말씀하신 그 '두 주인' 중 하나인 '맘몬'의 힘을 여실히 느끼면서 살아갑니다. 그러므로 우리는 늘 우리 앞에 강력한 우상이 존재한다는 생각을 가지고 깨어있어야 합니다. 이렇게 볼 때 오늘의 본문은 특별한 의미를 갖습니다.

우리는 헌금 또는 누군가에게 도움의 연보를 하면서 자칫 자신이 노력하여 얻은 결과를 나눈다는 착각에 빠지는데, 이렇게 되면 하나님의 은혜가 가려질 수 있습니다. 이런 헌금은 오히려 교만한 나눔이 되기가 쉬운데, 연보를 통해 스스로 교만해진다면 공동체를 위험에 빠뜨리는 결과를 가져올 수도 있음을 유의해야 합니다. 왜냐하면 이런 도움은 연보를 받는 사람들에게 마음의 상처를 유발할 수 있기 때문입니다.

온전한 헌금은 하나님께서 허락하신 풍성한 은혜에 감사하고, 다른 성도들의 부족한 것을 마땅히 채워줄 때 또 다른 감사를 만들어냅니다.

1. 힘든 가운데서도 하나님의 풍성한 은혜에 감사하여 헌금을 한 적이 있나요? 그때의 마음을 되새겨 봅시다.

---

2. 지금 드리고 있는 헌금을 통해 기쁨을 누리고 있나요? 누리지 못하고 있다면 그 기쁨을 막는 이유가 무엇이라 생각하나요?

잘 익은 홍시

재미교포인 박선 권사는 이화여대에 60만 달러를 장학금으로 기부하면서 제3세계의 여성리더 교육을 위해 써줄 것을 부탁했다. 특히 제3세계에 파송된 한국인 선교사들이 발굴한 여성 인재들이 좋은 교육을 받고 돌아가 좋은 일꾼이 되기를 바란다고 했다. 박선 권사가 장학사업을 시작하게 된 계기는 재정이 넉넉해서가 아니라 하나님으로부터 받은 은혜가 너무 커서였다. 비록 한 사람의 적은 기부이지만 "한 사람이면 패하겠거니와 두 사람이면 맞설 수 있나니 세 겹줄은 쉽게 끊어지지 아니하느니라"는 성경 말씀에 의지해서 십시일반의 마음으로 참여한다고 했다. 그녀의 고백이다. "하나님의 사랑에 감격하는 감사의 샘을 만든 사람이야말로 또 다른 누군가를 감동시킬 수 있다."

21일 동안 주어지는 감사의 시간을 축복합니다!

말씀

스물하루째날
골로새서
4:1-6

세월을 아끼는 지혜

1 상전들아 의와 공평을 종들에게 베풀지니 너희에게도 하늘에 상전이 계심을 알지어다
2 기도를 계속하고 기도에 감사함으로 깨어 있으라
3 또한 우리를 위하여 기도하되 하나님이 전도할 문을 우리에게 열어 주사 그리스도의 비밀을 말하게 하시기를 구하라 내가 이 일 때문에 매임을 당하였노라
4 그리하면 내가 마땅히 할 말로써 이 비밀을 나타내리라
5 외인에게 대해서는 지혜로 행하여 세월을 아끼라
6 너희 말을 항상 은혜 가운데서 소금으로 맛을 냄과 같이 하라 그리하면 각 사람에게 마땅히 대답할 것을 알리라

감사의 마음은 얼굴을 아름답게 만드는 훌륭한 끝손질이다.
- T. 파커 -

말씀의
뜨락

자신이 무엇을 해야 할지를 아는 사람이야말로 자신이 누구인지 아는 사람입니다. 그런 의미에서 오늘의 본문을 대할 때 먼저 우리가 기억해야 할 단어 하나가 '사명자'입니다.

우리는 과연 어떤 일에 부름을 받은 사명자일까요? 바울은 "전도할 문을 우리에게 열어 주사 그리스도의 비밀을 말하게 하시기를 구하라"(3절)고 명령합니다. 여기서 깨닫는 우리의 사명 중 하나는 그리스도의 복음을 전하는 일입니다.

오늘 본문에서 바울은 이 사명을 이룰 수 있는 방법 두 가지를 우리에게 일러줍니다.

첫째는 "기도를 계속하고 기도에 감사함으로 깨어 있으라"(2절)는 명령에서 드러나듯, 무엇보다 기도의 삶을 살아야 합니다. 그것은 우리의 사명이 영혼의 구원이라는 하나님의 뜻을 이루어야 하기 때문입니다. 무엇보다 우리의 간구는 그 영혼이 구원받을 때까지 지속되어야 한다는 사실도 명심해야 합니다. 또한 감사함으로 기도하라는 데 방점을 찍을 필요가 있습니다. 감사의 기도는 감사의 결과를 가져오며, 낙심하지 않고 끝까지 기도할 수 있습니다.

둘째는 "외인에게 대해서는 지혜로 행하여 세월을 아끼라"(5절)는 말씀처럼 지혜로 행해야 합니다.

'세월을 아끼라'는 말은 외인들을 섬기되 주어진 기회를 활용하여 어떻게 하면 더 잘 섬길 수 있을까 고민하며 행동하라는 의미입니다. 하나님의 지혜를 구해야 하는 것이지요. 그러므로 우리는 전도할 사람들에게로 찾아가 자신이 경험한 은혜를 나눌 뿐만 아니라 그들의 필요를 잘 포착하여 섬김으로써 천하보다 귀한 영혼을 주님께로 돌아오게 하는 것입니다.

1. 복음을 전하면서 기쁨과 감사가 있었다면, 그 이유가 무엇이라고 생각하세요?

_____

_____

_____

_____

2. 전도 대상자가 있다면, 당신은 그를 위해 어떤 기도를 하고, 어떻게 섬기겠습니까?

_____

_____

_____

_____

잘 익은 홍시

안산에 가면 생선을 팔면서 "예수 믿으세요, 좋은 일이 생깁니다"라며 전도를 하는 아저씨를 만날 수 있다. 한때 철가방을 들고 음식을 배달하다가 국회의원으로 당선된 장경수씨이다. 그는 재선을 위해 출마하려고 했으나 정당의 공천을 받는 데 실패했고, 그 충격으로 시신경 장애가 생겨 앞을 보지 못할 정도가 되었다. 게다가 우울증을 앓으며 자살충동도 느꼈으나 다시 하나님께 나아와 감사의 조건들을 찾기 시작했다. 하나님과의 깊은 교제가 이어지면서 그는 자신의 인생을 오직 하나님의 영광만을 위해 살아야겠다, 서원한 뒤 자신의 지역구였던 안산으로 내려가 생선 장사를 시작한 것이다. 그의 고백이다.

"나 자신을 내려놓기 시작하면서 비로소 하나님과 더욱 가까워졌습니다. 이보다 감사한 일이 어디 있을까요?"

21일 동안 주어지는 감사의 시간을 축복합니다!

부록

21일 감사 방법

1. **감사 엽서**   짧은 엽서 or 메모로 감사 표현
2. **식사 대접**   지인들과 식사하며 감사 표현
3. **감사 전화**   만나기 어려운 사람들에게 통화로 감사 표현
4. **감사 문자**   지인들에게 구체적인 감사 이유를 문자로 표현
5. **감사 산책**   가족 or 지인들과 산책하면서 감사 표현
6. **감사 인사 I**   오늘 하루 주위 5명의 사람들에게 감사 표현
7. **감사 인사 II**   무심코 지내온 주변 사람들(버스 기사, 미화원 등)에게 감사 표현
8. **감사 일기**   하룻동안 감사했던 10가지 감사 제목 쓰기
9. **장점 표현**   고마운 사람들에게 10가지의 감사 이유를 낭독하거나 메모로 전달
10. **감사대상 위한 소원쿠폰**   감사대상이 원하는 것을 쿠폰으로 제작하여 사용가능토록 전달
11. **감사 허그**   감사를 표현하고 싶은 대상 최소 3명을 가볍게 안아줌
12. **커피금식 헌금**   커피 or 음료를 마시지 않고 그 금액을 구제 헌금으로 드림
13. **감사 기도**   하나님이 주신 것들 중 5가지를 선택하여 감사 기도를 드림
14. **감사 선물**   감사의 대상이 좋아하는 한 가지를 골라서 선물과 함께 감사 표현
15. **과거 사진 속 감사 찾기**   과거 사진들을 보면서 감사의 순간 5가지를 적음
16. **감사 그림 찾기**   거울에 비친 모습을 통해 신체에서 감사한 이유 5가지를 찾음
17. **장점 찾기**   자신에게 있는 장점 10가지를 찾아 적고 감사 기도 드림
18. **역경의 순간 되돌아 봄**   가장 힘들었던 3가지의 순간을 떠올리고, 잘 견뎌냄에 감사하기
19. **감사 중보기도**   교류가 뜸해진 사람과 교제하고 중보기도 하기
20. **감사 릴레이 챌린지**   고마움의 대상에게 3가지 감사 이유를 표현하고, 그 사람이 다른 사람에게 동일하게 미션을 줌
21. **감사 정리**   21일간의 감사묵상과 감사실천 외에 다른 감사제목 21가지 적고 감사기도하기

나눔 I

감사앨범 만들기

세부 내용

개인 앨범에서 가장 기억에 남는 순간이 담긴 사진들을 고른 후 사진 옆에 감사의 이유를 적는다.

운영 방법

1. 감사 이유 작성 시 접착식 메모지 또는 일반 메모지를 테이프로 붙인다.

2. 별도의 감사 앨범을 만들어 본다. 왼편에 사진을 넣어두고 사진 오른편에는 감사 이유를 적어 둔다면 생각날 때마다 들춰 보면서 감사를 되새길 수 있다.

3. 평소 감사를 표현하지 못했거나 최근 소원해진 사람과의 추억이 담긴 사진을 골라 엽서(문자나 SNS보다 훨씬 강력하다)를 작성해서 달콤한 선물과 함께 보낸다.

4. 가족들과 함께 할 수 있다면 개인 앨범 작업을 완료한 후에 온 가족이 모여서 자신의 앨범 중에서 가족과 함께 한 순간에 대해 대화를 나눈다.

준비물

1. 메모지와 테이프
2. 앨범(사연을 적을 수 있는 형식)
3. 엽서

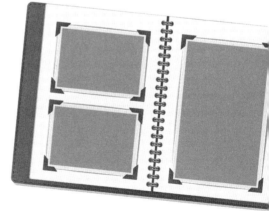

| 나눔 II | 감사 그래프 나눔 |

세부 내용

살아오면서 가장 감사했던 순간(사건)들을 3가지를 선택한 후 그래프를 그리고 사건별로 정리한 후 소그룹 모임에서 이야기를 나눈다.

운영 방법

1. X축은 나이, Y축은 0부터 10까지의 감사수준을 기록하여 가장 감사했던 순간들을 그래프상에 점으로 찍고 각 점들을 이어서 그래프를 그린다. 완성된 그래프 옆에 감사했던 사건에 대해 간략하게 기록한다.

2. 소그룹리더는 모임 전, 감사 그래프의 목적과 작성방법을 안내해주고 작성하게 한다. 시간이 넉넉한 경우 모임 중에 작성하게 한 후에 한 사람씩 돌아가며 자신의 감사했던 순간들을 서로 나눈다.

3. 감사 그래프를 나누기 전에는 소그룹에서 반응을 가장 잘하는 사람을 뽑아서 리액션(오!, 맞아, 진짜!!) 리더로 임명하여 감사했던 순간을 들으면서 경청하는 롤모델이 되게 한다.

4. 응용이 가능하다면, 힘들었지만 결국 감사했던 순간들을 되돌아보면서 더 깊은 은혜를 나눌 수 있다.

준비물

1. 각자의 감사 그래프
2. A4용지, 필기도구
   (만약, 소그룹 모임 중에 작성한다면)

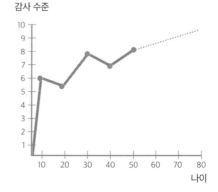

나눔III

감사 식탁 나누기

세부 내용

감사의 계절, 설날이나 추석 등 가족이나 친척이 모여서 함께 먹는 식탁에서 한 가지 음식을 줄여 어려운 이웃을 도우면 어떨까. 명절음식 중 한 가지를 마련하지 않는 대신 그 비용을 지역사회 어려운 이웃을 돕기 위한 헌금으로 드린다.

운영 방법

1. 교회에서 설날이나 추석 전 '이웃돕기 사랑의 식탁 나눔'이란 문구의 카드를 만들어 접시 위에 세워 놓을 수 있도록 제공한다.

2. 음식을 장만할 때 한 가지씩 음식을 덜 만드는 것으로 하되, 그 음식이 담겨 있어야 하는 접시 위에 교회에서 제공받은 카드를 세운다.

3. 자녀들이 어린 경우 핸드폰으로 사진을 찍어 '감사 식탁 인증샷 대회'나, '감사 식탁, 이웃과 나눠요' 등의 문구를 넣어 SNS를 통해 공유한다.

4. 자녀들에게 감사의 계절, 사랑을 나누고 살아야 하는 당위성에 대해 설명하여 '식탁교육'이 되도록 한다.

5. 명절 후 교회에 작정한 액수를 헌금하도록 하며, 헌금은 지역사회 어려운 이웃돕기에 사용되게 한다.

준비물

1. 사랑의 식탁 나눔카드
2. 빈 접시

감사가 주는 기쁨

감동서원은 감사습관을 기르기 위해 아름다운동행이 계발한 감사교육 프로그램, 감사학교입니다.

감사습관을 기르는 감동서원

감동서원 (感同書院, Thanks School) 소개

'감동서원'은 감사습관을 기르기 위한 감사교육 프로그램 입니다.
'감동'은 '감사로 동행한다'는 뜻이고, '서원'은 조선 중기 이후 인재를 키우기 위해 전국 곳곳에 세운 교육 기관에 착안하여 '감사를 배우고 습관이 될때까지 익히는 곳'을 의미 합니다.

감사를 중심으로 다양한 기독교 가치 운동을 하고 있는 단체들로 이루어진 '감사운동연구모임'(아름다운동행, 감사마을연구소, 감사나눔연구소, 불평없는세상만들기, 한국피스메이커, 청년의뜰, Young2080)이 매월 정기모임을 통해 공동으로 연구하고, 체계적으로 감사학교 교육과정을 개발 했습니다. 성경적 감사의 기본을 배우게 하고, 감사하면 어떤 변화가 생기는지 과학적으로 검증된 감사의 효과와 변화를 경험하게 합니다. 결국 어떠한 상황 가운데서도 온전한 감사를 할 수 있는 신앙의 성숙을 목표로 합니다.

감성, 영성, 이성, 개성이 조화된 4색 강의

1 감성을 깨우는 감사 力
일상의 감사가 감동이 되도록 이끌어 주는 힘을 키워 줍니다. 감사에 따른 감정과 성향의 변화를 객관적으로 이해하고 감사를 표현하는 습관을 가지도록 합니다.

2 영성을 성숙시키는 감사 道
일시적 감사에서 범사에 감사하는 성경적 감사의 DNA를 심어 줍니다. 감사에 대한 성경적 관점과 복음적 세계관을 기반으로 한 본질적인 감사의 중요성을 배우고 실천합니다.

3 이성적 분별력 키워주는 감사 痛
잘못된 감사가 아닌 온전한 감사가 되도록 생각을 바꾸어 줍니다. 갈등과 고통의 상황 가운데서 성경적 갈등해결의 원리와 온전한 감사를 이루기 위한 해결책을 제시합니다.

4 개성을 발산하는 감사 族
나만 즐기는 감사 아닌 함께 나누는 감사 문화를 창의적으로 만들어 갑니다. 감사하는 사람들의 사례와 감사 실천의 방법을 통해 개인을 넘어 공동체에 감사족을 세웁니다.

21일간의 감사동행

집필위원 강정훈 고명진 김관선 김안식 김영복 김오영 박명룡 박상진 박순대 방원철 서해원
송준인 신대현 여삼열 유경선 유병근 유을선 이건영 이동근 이상렬 이영태 (가나다순)

편집·기획 박에스더 박명철 이경남 송진명 신용주
디자인 김다은
일러스트 민경숙

사단법인 **아름다운동행**

자문위원 림택권 예종탁 한호선 박위근 윤경은 임종수
법인이사장 이규왕   **감사운동위원장** 이영훈
법인이사 이건영 방영신 김호용 강윤식 최성규 박종화 김지한 이영훈 손달익
송기성 서재일 송태근 이형로

21일간의 감사동행

초판 1쇄 인쇄 2016년 10월 12일
발행 2016년 10월 15일
펴낸곳 아름다운동행
펴낸이 박에스더
등록일 2006년 10월 2일
등록번호 제 22-2987호
주소 서울시 서초구 효령로 304 국제전자센터 1509호
전화 02-3465-1520~2   **팩스** 02-3465-1525
홈페이지 www.iwithjesus.com
ISBN 979-11-956751-3-5